的中例③

本書「2024年度版」58ページ

普通地方公共団体は、法令に特別の定めがあるものを除くほか、その条例中に、条例に違反した者に対し、2年以下の懲役若しくは禁錮、100万円以下の罰金、拘留、科料若しくは没収の刑または5万円以下の過料を科する旨の規定を設けることが**できる**（14条3項）。

[条例]
- 刑罰を科す：**できる**
- 過料を科す：**できる**

本試験問題　問題24　選択肢5

普通地方公共団体は条例で罰則を設けることができるが、その内容は禁錮、罰金、科料などの行政刑罰に限られ、行政上の秩序罰である過料については、長が定める規則によらなければならない。（×）

 的中例④

本書「2024年度版」102ページ

自己株式には株主総会での**議決権**は認められず、**剰余金の配当**も受けられない。

本試験問題　問題37　選択肢イ

株式会社は、自己株式については、議決権を有しない。（○）

 的中例⑤

本書「2024年度版」122ページ

行政書士は、他人の依頼を受け報酬を得て、行政書士が作成した官公署に提出する書類に係る許認可等に関する審査請求、再調査の請求、再審査請求等行政庁に対する不服申立ての手続について代理し、およびその手続について官公署に提出する書類を作成することを業とすることができる（1条の3第1項2号）。

本試験問題　問題52　選択肢2

行政書士は、自ら作成した官公署に提出する書類に係る許認可等に関する審査請求について、その手続を代理することはできない。（×）

 的中例⑥

本書「2024年度版」127ページ

行政機関等には、独立行政法人や地方公共団体の機関（議会を除く）も**含まれる**（2条11項）。

本試験問題　問題57　選択肢5

国の行政機関や地方公共団体の機関にも、個人情報保護法の規定は適用される。（○）

ほかにも的中が続出！

はじめに

　直前期の学習において、重要なことは、今年の行政書士本試験で出るところを
マスターしておくこと、そして、基礎知識科目で基準点を下回ることがないよう
に対策を講じておくことでしょう。その要望に応えるべく編まれたのが本書です。

　出るところは何か。それを知るには、行政書士本試験の出題傾向を徹底分析し、
今年の出題可能性を検討する必要があります。しかし、直前期にそのような作業
を一から始めるわけにもいきません。そこで、これらの傾向分析による対策を講
じた本書を利用すれば、今年の合格に必要なヤマを、効率的・実践的に、整理・
確認・記憶できるものと考えています。

　本書は、60のチェックシートに分け、1週間ですべてのチェックシートをマス
ターできるように編集しました。ご自分の学習スケジュールや学習の程度にあわ
せて、随時伸縮してご利用ください。

　本試験までの残りの時間でやるべきことは、出題可能性の高い箇所の学習です。
それは、まだ準備不足かなと思っている方にとっても、十分に学習が進んでいる
方にとっても重要なことです。残りの時間を有効活用し、合格に一歩でも近づく
ため、本書を徹底してマスターすることをおすすめします。

　直前期、不安やあせりはつきものです。「今年の試験で合格するんだ！」という
強い気持ちを忘れず、本試験までの残りの時間を有効に使ってください。

ＴＡＣ行政書士講座

※　本書は、行政書士試験の法令基準日である2025年4月1日現在の施行法令
　等に基づいて作成しています。

本書の特長と利用の仕方

直前フォーカス

各項目の簡単な内容や考え方、最後に覚えておくべきポイント、ヤマである根拠などを記載しています。今年の本試験にポイントを絞った最終確認ができるはずです。

予想ポイント

今年の本試験で出題が予想されるポイントを記載しています。直近5年（令和2年～令和6年）の出題履歴も掲載しています。

本文

しっかり覚えておくべき重要ポイント、問題解決のための着眼点などを記載しています。赤文字をキーワードとしてしっかり読み進んでください。

1日目　究極のファイナルチェック①　　　基礎法学

基礎法学

直前フォーカス

例年、最初の2問（問題1・問題2）が基礎法学からの出題です。令和6年は裁判系の問題1問と法律系の問題1問が出題されました。今後も法律用語や裁判用語の出題に気をつけましょう。

予想ポイント①　法学　　　R3-1・2、R4-2、R6-1

法律用語や法の基本概念

- □□□ **みなす**とは、ある一定の事実があるものとして扱い、反証があってもその事実は覆らないものをいう。一方、**推定する**とは、ある一定の事実があるものとして扱うが、反証があればその事実は覆り、反証された通りに扱うものをいう。

- □□□ 法律は、公布の日から起算して20日を経過した日から施行されるが、法律でこれと異なる施行期日を定めたときは、**その定め**による。

- □□□ 2つの法律のうち、ある事項について一般的に規定した一般法と、そのうちの特定の部分について規定した特別法の関係がある場合、**特別法**の規定が一般法の規定に優先する。

- □□□ Xの事件につき規定がなく、類似のYの事件に関しては明文の規定がある場合、Xの事件にもYの事件に関する規定を用いる解釈のことを、**類推解釈**という。

- □□□ **法律要件**とは、一定の法律効果を生じるため要求される事実のことをいい、**法律効果**とは、法律上の権利義務関係の変動（発生、変更、消滅）のことをいう。

予想ポイント②　裁判　　　R2-2、R4-1、R6-2

裁判上の用語や裁判の仕組み

- □□□ **判決**とは、訴訟事件の終局的判断その他の重要な事項について、裁判所がする裁判であり、原則として口頭弁論（刑事訴訟では公判と呼ばれる）に基づいて行われる。

1　基礎法学

1日目　基礎法学

比較して覚えよう！
決定：判決よりも簡易な方式で行われる裁判所がする裁判であり、口頭弁論を経ることを要しない。
命令：決定と同じく、判決よりも簡易な方式で行われる裁判であるが、裁判所ではなく個々の裁判官が機関として行うものであり、口頭弁論を経ることを要しない。

☐☐☐ 日本の裁判制度は**三審制**を採用しているが、高等裁判所が第一審裁判所になることも**ある**（例．公職選挙法に基づく選挙訴訟）。

☐☐☐ 判決が確定しても一定の要件の下で**再審**が認められることがある。
【再審制度】刑事訴訟：**あり**　民事訴訟：**あり**

☐☐☐ **少額訴訟**制度は、簡易裁判所において、1回の期日で審理を終えて判決をすることを原則とする手続のこと。60万円以下の金銭の支払いを求める場合に利用できる。ただし、同一の簡易裁判所に対して1年に10回までという回数制限もある。

☐☐☐ **裁判員**制度は、国民の中から選ばれる裁判員が**刑事**裁判に参加する制度のこと。裁判員は、裁判官とともに被告人が有罪か無罪か、有罪と判断された場合にはどのような量刑にするのかを判断する。

まとめの図表〈民事訴訟と刑事訴訟〉

	民事訴訟	刑事訴訟
訴訟の開始	原告の申立てにより開始する（処分権主義）	**検察官**の公訴提起により開始する
審理期日の名称	口頭弁論期日	公判期日
控訴・上告	1審が地裁 →2審（控訴審）：高裁 　3審（上告審）：最高裁 1審が簡裁 →2審（控訴審）：地裁 　3審（上告審）：高裁	1審が地裁 →2審（控訴審）：高裁 　3審（上告審）：最高裁 1審が簡裁 →2審（控訴審）：**高裁** 　3審（上告審）：最高裁
再審制度	あり	あり
裁判員制度	なし	**あり**

法律の内容を一般国民に広く知らせるには、法律の公布から施行まで一定の期間を置くことが必要であるため、公布日から直ちに法律を施行することはできない。
（R3－2肢1）

　× 法律で公布の日をもって施行する旨の定めを設けることで、公布日から直ちに法律を施行することもできる。

比較して覚えよう
類似する概念と比較できるよう**注意すべき比較対象**が記載されていますので、**実践的**に覚えることができます。

まとめの図表
出題可能性の高い事項を図表で整理しました。**ポイント**を押さえることができるように記載しています。ここに記載されている事柄は、最低限確認しておきましょう。本試験で、きっと役に立つはずです。

この過去問に注意
今年の本試験でまた繰り返し出題されてもおかしくない過去の本試験の問題を掲載しています。各チェックシート学習の締めくくりとして自分で解いてみましょう。

目　次

基礎法学

1日目

① 基礎法学 ……………………………………………10

憲　法

② 人権享有主体 …………………………………………12
③ 幸福追求権 ……………………………………………14
④ 法の下の平等 …………………………………………16
⑤ 表現の自由 ……………………………………………18
⑥ 国会、内閣、裁判所 …………………………………20
⑦ 天　皇 …………………………………………………22
⑧ 財　政 …………………………………………………24

行政法

2日目

⑨ 国の行政組織 …………………………………………26
⑩ 行政行為 ………………………………………………28
⑪ 行政契約 ………………………………………………30
⑫ 行政強制・行政罰 ……………………………………32
⑬ 行政手続法1（総則）…………………………………34
⑭ 行政手続法2（聴聞）…………………………………36
⑮ 行政手続法3（意見公募手続）………………………38
⑯ 行政不服審査法1（再調査の請求）…………………40
⑰ 行政不服審査法2（審査請求）………………………42
⑱ 行政不服審査法3（審査請求の裁決、教示）………44

3日目

⑲ 行政事件訴訟法1（取消訴訟の要件審理）…………46
⑳ 行政事件訴訟法2（取消訴訟の審理・判決）………48
㉑ 行政事件訴訟法3（取消訴訟以外の訴訟）…………50
㉒ 国家賠償法 ……………………………………………52
㉓ 損失補償 ………………………………………………54
㉔ 地方自治法1（地方公共団体）………………………56
㉕ 地方自治法2（住民監査請求・住民訴訟）…………58
㉖ 地方自治法3（条例・規則）…………………………60

民　法

4日目

㉗ 能　力 …………………………………………………62
㉘ 意思表示 ………………………………………………64
㉙ 代　理 …………………………………………………66

30 時　効 ……………………………68

31 不動産物権変動と登記…………………70

32 占有権 ……………………………72

33 所有権 ……………………………74

34 抵当権 ……………………………76

35 抵当権以外の担保物権…………………78

5日目 36 詐害行為取消権 …………………80

37 弁済・相殺 ………………………82

38 売買契約 …………………………84

39 賃貸借契約 ………………………86

40 事務管理、不当利得 ……………………88

41 不法行為 …………………………90

42 親　子 ……………………………92

43 相　続 ……………………………94

商　法

6日目 44 商　法 ……………………………96

45 会社法1（株式会社の設立）……………98

46 会社法2（株式）…………………100

47 会社法3（株主総会）………………102

48 会社法4（取締役）…………………104

多肢選択式・40字記述式

49 多肢選択式1（憲法）………………106

50 多肢選択式2（行政法）………………108

51 40字記述式1（行政法）………………110

52 40字記述式2（民法）………………112

基礎知識

7日目 53 一般知識1（政治）…………………114

54 一般知識2（経済）…………………116

55 一般知識3（社会）…………………118

56 行政書士法 ………………………120

57 戸籍法・住民基本台帳法…………………122

58 情報通信 …………………………124

59 個人情報保護法 …………………126

60 文章理解 …………………………128

試験案内

2024年度（令和6年度）試験案内などをもとに作成しています。2025年度（令和7年度）試験の詳細については、一般財団法人 行政書士試験研究センター（以下、「センター」という）のホームページ、または受験願書を取り寄せて、必ずご自身でご確認ください。

1 受験資格

年齢、学歴、国籍等に関係なく、**どなたでも**受験できます。

2 試験日及び時間

2025年（令和7年）**11月9日㊐** 午後1時から午後4時まで（予定）

> ❗ 例年、試験室への入室は午前11時50分からです。午後0時30分から受験上の注意事項の説明がありますので、午後0時20分までに着席しなければなりません。

3 試験の科目及び方法

試験科目	内容等	出題形式
行政書士の業務に関し必要な法令等（出題数46題）	憲法、行政法（行政法の一般的な法理論、行政手続法、行政不服審査法、行政事件訴訟法、国家賠償法及び地方自治法を中心とする。）、民法、商法及び基礎法学	5肢択一式（40問）多肢選択式（3問）記述式（3問）
行政書士の業務に関し必要な基礎知識（出題数14題）	一般知識、行政書士法等行政書士業務と密接に関連する諸法令、情報通信・個人情報保護及び文章理解	5肢択一式（14問）

※ 法令については、令和7年4月1日現在施行されている法令に関して出題される予定です。

> ❗ 筆記用具は、BかHBの黒鉛筆又はシャープペンシル及びプラスチック消しゴムです。問題用紙に用いる蛍光ペンも複数使用可です。

〈5肢択一式〉

問題19　国家賠償請求訴訟に関する次の記述のうち、妥当なものはどれか。
1　国家賠償を請求する訴訟は、民事訴訟であるから、その訴訟手続について行政事件訴訟法が適用されることはない。
2　処分の違法を理由として国家賠償を請求する訴訟を提起するためには、………
3　………
4　………
5　………

〈多肢選択式〉

問題41　次の文章の空欄 ア ～ エ に当てはまる語句を、枠内の選択肢（1～20）から選びなさい。
………憲法は、 ア ・ イ などの制定権をそれぞれ特別の……

1　主体	2　内閣	3　条約	
4　権力	5　慣習法		
6　憲法付属法		7　機関	
8　天皇	9　命令	10　判例	
11　公務員	12　法規	13　国会	
14　詔勅	15　習律	16　官職	
17　内閣総理大臣		18　法律	
19　通達	20　行政各部		

〈記述式〉

問題44　……。この場合、裁判所による判決は、どのような内容の主文となり、また、このような判決は何と呼ばれるか。40字程度で記述しなさい。
（下書用）　　　　　　10　　　　　15

4 試験場所

試験場所は、受験を希望する試験地及び試験場を選択します。**先着順**に受け付けられます。
※試験場が定員を超過した場合や自然災害、その他特別な事情が生じた場合には、センターにおいて、他の試験場（原則、同一都道府県内）に変更されることとなります。

5 受験申込み

「郵送による受験申込み」と「インターネットによる受験申込み」とでは、申込手続が異なります。それぞれ間違いのないよう手続を行ってください。

	(1) 郵送による受験申込み	(2) インターネットによる受験申込み
① 受付期間	例年、7月下旬から8月中旬まで	例年、7月下旬から8月下旬まで
② 申込方法等	試験案内が入っていた封筒を使用して、受付期間内に郵便局の窓口で必ず「**簡易書留郵便**」扱いの手続を行ってください（ポストには直接投函しないでください）。**受付締切日までの消印があり、かつ、この日までの受付郵便局の日附印がある「振替払込受付証明書（お客さま用）」が貼られている不備**のないものが受け付けられます。受験手数料は、受験願書の受付期間内に、試験案内にとじ込まれている**専用の振替払込用紙**により、**必ず郵便局（ゆうちょ銀行）の窓口で**取扱時間内に払い込んでください（ＡＴＭからの払い込みは禁止されています）。	センターのホームページの「インターネットによる申込みはこちらから」をクリックして、サイトの申込み条件を確認のうえ「同意して申し込む」ボタンをクリックして登録ページ（外部サイト）に進みます。画面の項目に従って必要事項を漏れなく入力してください。受験手数料は、**申込者本人名義のクレジットカード**、又は**コンビニエンスストア**で払い込みます。 ※顔写真の画像データ（JPEG 形式）が必要となります。 ※スマートフォン等は閲覧に支障を生じることがあります。

❗ 例年、利用できるクレジットカードは、VISA、Master、JCB、アメリカン・エキスプレス、Diners です。

❗ 例年、利用できるコンビニエンスストアは、セブン‐イレブン、ローソン、ローソン・スリーエフ、ファミリーマート、セイコーマート、ミニストップ、デイリーヤマザキ、ヤマザキデイリーストア、ニューヤマザキデイリーストアです。

6 受験手数料

10,400円
　一旦払い込まれた受験手数料は、地震や台風等により、試験を実施しなかった場合等を除き、返還されません。 ❗ 払込みに要する費用は、受験申込者の負担となります。

7 受験票の交付

　受験票は、例年**10月中旬〜下旬に発送**されます。受験票には、受験番号及び試験場等が記載されています。 ❗ 受験票がないと受験できないので、試験当日、試験場に必ず持参しましょう。

8 試験結果の発表と通知

　試験結果は、例年、本試験翌年の1月下旬に、合格者の受験番号がセンターの掲示板に公示されます。センターのホームページにも合格者の受験番号が掲載されます。なお、公示後、受験者全員（欠席者及び欠席扱いとなった者を除く）に合否通知書が郵送されます。

❗ 合否については、合否通知書以外にセンターから受験者に対し直接連絡をすることはありませんので、ご注意ください。

9 合格基準

　例年、次の要件のいずれも満たした者が合格とされます。
① 　行政書士の業務に関し必要な**法令等科目**の得点が、満点の**50パーセント以上**である者
② 　行政書士の業務に関し必要な**基礎知識科目**の得点が、満点の**40パーセント以上**である者
③ 　**試験全体**の得点が、満点の**60パーセント以上**である者
（注）合格基準については、試験問題の難易度を評価し、補正的措置を加えることがあります。

連 絡 先　（問い合わせ先）　一般財団法人　行政書士試験研究センター
所 在 地　　〒102−0082　東京都千代田区一番町25番地　全国町村議員会館3階
電話番号　（試験専用照会ダイヤル）03−3263−7700

基礎法学

直前フォーカス
例年、最初の2問（問題1・問題2）が基礎法学からの出題です。令和6年は裁判系の問題1問と法律系の問題1問が出題されました。今後も法律用語や裁判用語の出題に気をつけましょう。

予想ポイント① 法学　　　　　　　　　　　　　　R3-1・2、R4-2、R6-1
法律用語や法の基本概念

- □□□ **みなす**とは、ある一定の事実があるものとして扱い、反証があってもその事実は覆らないものをいう。一方、**推定する**とは、ある一定の事実があるものとして扱うが、反証があればその事実は覆り、反証された通りに扱うものをいう。

- □□□ 法律は、公布の日から起算して20日を経過した日から施行されるが、法律でこれと異なる施行期日を定めたときは、**その定め**による。

- □□□ 2つの法律のうち、ある事項について一般的に規定した一般法と、そのうちの特定の部分について規定した特別法の関係がある場合、**特別法**の規定が一般法の規定に優先する。

- □□□ Xの事件につき規定がなく、類似のYの事件に関しては明文の規定がある場合、Xの事件にもYの事件に関する規定を用いる解釈のことを、**類推解釈**という。

- □□□ **法律要件**とは、一定の法律効果を生じるため要求される事実のことをいい、**法律効果**とは、法律上の権利義務関係の変動（発生、変更、消滅）のことをいう。

予想ポイント② 裁判　　　　　　　　　　　　　　R2-2、R4-1、R6-2
裁判上の用語や裁判の仕組み

- □□□ **判決**とは、訴訟事件の終局的判断その他の重要な事項について、裁判所がする裁判であり、原則として口頭弁論（刑事訴訟では公判と呼ばれる）に基づいて行われる。

1 基礎法学

比較して覚えよう！
決定：判決よりも簡易な方式で行われる裁判所がする裁判であり、口頭弁論を経ることを要しない。
命令：決定と同じく、判決よりも簡易な方式で行われる裁判であるが、裁判所ではなく個々の裁判官が機関として行うものであり、口頭弁論を経ることを要しない。

☐☐☐ 日本の裁判制度は三審制を採用しているが、高等裁判所が第一審裁判所になることもある（例．公職選挙法に基づく選挙訴訟）。

☐☐☐ 判決が確定しても一定の要件の下で再審が認められることがある。
再審制度　刑事訴訟：あり　民事訴訟：あり

☐☐☐ 少額訴訟制度は、簡易裁判所において、１回の期日で審理を終えて判決をすることを原則とする手続のこと。60万円以下の金銭の支払を求める場合に利用できる。ただし、同一の簡易裁判所に対して１年に10回までという回数制限もある。

☐☐☐ 裁判員制度は、国民の中から選ばれる裁判員が刑事裁判に参加する制度のこと。裁判員は、裁判官とともに被告人が有罪か無罪か、有罪と判断された場合にはどのような量刑にするのかを判断する。

まとめの図表〈民事訴訟と刑事訴訟〉

	民事訴訟	刑事訴訟
訴訟の開始	原告の申立てにより開始する（処分権主義）	検察官の公訴提起により開始する
審理期日の名称	口頭弁論期日	公判期日
控訴・上告	１審が地裁 →２審（控訴審）：高裁 　３審（上告審）：最高裁 １審が簡裁 →２審（控訴審）：地裁 　３審（上告審）：高裁	１審が地裁 →２審（控訴審）：高裁 　３審（上告審）：最高裁 １審が簡裁 →２審（控訴審）：高裁 　３審（上告審）：最高裁
再審制度	あり	あり
裁判員制度	なし	あり

法律の内容を一般国民に広く知らせるには、法律の公布から施行まで一定の期間を置くことが必要であるため、公布日から直ちに法律を施行することはできない。
（R3－2肢1）

答　×　法律で公布の日をもって施行する旨の定めを設けることで、公布日から直ちに法律を施行することもできる。

11

憲法

人権享有主体

直前フォーカス

憲法では、人権享有主体は、令和2年に在監者の人権に関する判例を題材とした問題、平成30年に公務員の表現の自由に対する制約に関する判例を題材とした多肢選択式の問題が出題されています。また、平成29年には人権享有主体全般を問う出題がありました。今年の試験でも、外国人の人権を中心とした問題が出題される可能性は高いといえます。

予想ポイント①　外国人の人権

外国人の権利保障に関する判例

- ☐☐☐　政治活動の自由は、日本の政治的意思決定またはその実施に影響を及ぼす活動等外国人の地位にかんがみこれを認めることが相当でないと解されるものを除き、外国人にも保障**される**（マクリーン事件：最大判昭53.10.4）。

- ☐☐☐　限られた財源の下で福祉的給付を行うに当たり、自国民を外国人より優先的に扱うことも**許される**（塩見訴訟：最判平元.3.2）。

- ☐☐☐　地方選挙の選挙権について、外国人に保障されてはいないが、法律をもって定住外国人等に付与する措置を講ずることは禁止**されていない**（最判平7.2.28）。

- ☐☐☐　外国人が公権力行使等地方公務員に就任することは、日本の法体系の想定するところではなく、地方公共団体が、日本国民である職員に限って管理職に昇任できるとする措置を講ずることも**許される**（外国人職員昇任試験拒否訴訟：最大判平17.1.26）。

予想ポイント②　公務員の人権

公務員の政治的中立性を損なう表現の規制に関する判例

- ☐☐☐　公務員の職務の遂行の政治的中立性を保持することによって行政の中立的運営を確保し、これに対する国民の信頼を維持するために、公務員の職務の遂行の政治的中立性を損なうおそれが実質的に認められる政治的行為を禁止しようとする目的は合理的であり正当なもの**といえる**（堀越事件：最判平24.12.7）。

2 人権享有主体

予想ポイント③ **法人の人権**

強制加入団体である税理士会が行う政治献金の可否に関する判例

強制加入団体である税理士会が、政党などの政治団体に金員の寄付をすることは、税理士会の**目的の範囲外**の行為であり、できない（南九州税理士会政治献金事件：最判平8.3.9）。

比較して覚えよう！
・株式会社が政党に政治献金：**できる**（八幡製鉄事件：最大判昭45.6.24）
・司法書士会が震災で被災した別の司法書士会に復興支援金を寄付：**できる**（群馬司法書士会事件：最判平14.4.25）

まとめの図表〈マクリーン事件（最大判昭53.10.4）〉

事案の概要	在留期間1年として日本に入国し、在留期間中政治活動を行っていたアメリカ人のXが、在留期間の延長を求めて法務大臣に査証の更新の申請をしたところ、更新が不許可とされた事件
判旨	①外国人には、憲法上、日本に在留する権利ないし引き続き在留することを要求しうる権利を保障**されていない** ②在留期間の更新を適当と認めるに足りる相当の理由があったかどうかの判断は法務大臣の**裁量**に任されており、上陸拒否事由または退去強制事由に準ずる事由に該当しない限り更新を不許可にすることが許されないものではない ③政治活動の自由に関する憲法の保障は、日本の政治的意思決定またはその実施に影響を及ぼす活動等外国人の地位にかんがみこれを認めることが相当でないと解されるものを除き、在留外国人に対しても**及ぶ** ④外国人に対する憲法の基本的人権の保障は、在留の許否を決する国の裁量を拘束するまでの保障すなわち在留期間中の憲法の基本的人権の保障を受ける行為を在留期間の更新の際に消極的な事情として斟酌されないことまでの保障は**含まない** ⑤法務大臣がXの活動を斟酌して在留期間の更新を適当と認めるに足りる相当の理由があるものとはいえないと判断したとしても、裁量権の逸脱・濫用があったとは**いえない**

わが国の政治的意思決定またはその実施に影響を及ぼすなど、外国人の地位に照らして認めるのが相当でないと解されるものを除き、外国人にも政治活動の自由の保障が及ぶ。
（H29－3肢1）

答 ○ 外国人にも政治活動の自由の保障は及ぶ。

憲法

幸福追求権

直前フォーカス
憲法13条は、直近では令和6年に人格権やプライバシーに関する問題として出題されています。過去にも繰り返しのあるテーマですので、肖像権やプライバシーを中心に準備しておきましょう。

予想ポイント①　13条　　　　　　　　　　　　　　R3-4 、R6-3・4

憲法13条に関する判例

☐☐☐ 個人の私生活上の自由の一つとして、何人も、その承諾なしに、みだりにその容ぼう・姿態を撮影されない自由を**有する**（京都府学連事件：最大判昭44.12.24）。

☐☐☐ 指紋は、指先の紋様であり、それ自体では個人の私生活や人格、思想、信条、良心等個人の内心に関する情報となるものではないが、性質上万人不同性、終生不変性をもつので、採取された指紋の利用方法次第では個人の私生活あるいはプライバシーが侵害される危険性がある（指紋押捺拒否訴訟：最判平7.12.15）。

☐☐☐ 個人の私生活上の自由の一つとして、何人もみだりに指紋の押なつを強制されない自由を**有する**（指紋押捺拒否訴訟：最判平7.12.15）。
　補足　この自由の保障は日本に在留する外国人にも等しく**及ぶ**。

☐☐☐ 前科および犯罪経歴（前科等）は、人の名誉、信用に直接にかかわる事項であり、前科等のある者もこれをみだりに公開されないという法律上の保護に値する利益を**有する**（前科照会事件：最判昭56.4.14）。

☐☐☐ 学籍番号、氏名、住所、電話番号といった個人情報も、プライバシーに係る情報として法的保護の対象と**なる**（江沢民講演会事件：最判平15.9.12）。

☐☐☐ GPS捜査は、個人の行動を継続的、網羅的に把握することを必然的に伴うから、個人の**プライバシー**を侵害し得るものであり、また、そのような侵害を可能とする機器を個人の所持品に秘かに装着することによって行う点において、公権力による私的領域への侵入を伴うものといえる（最大判平29.3.15）。

☐☐☐ 自己の意思に反して身体への侵襲を受けない自由は、人格的生存に関わる重要な権利として、憲法13条によって保障**されている**（性別変更違憲事件：最大判令5.10.25）。

3 幸福追求権

□□□ 性同一性障害者の性別の取扱いの特例に関する法律3条1項4号が「生殖腺がないこと又は生殖腺の機能を永続的に欠く状態にあること」を性別変更の要件としていることは、身体への侵襲を受けない自由を放棄して強度な身体的侵襲である生殖腺除去手術を受けることを甘受するか、または性別変更審判を受けることを断念するかという過酷な二者択一を迫るものであり、憲法13条に違反する（性別変更違憲事件：最大判令5.10.25）。

まとめの図表〈京都府学連事件（最大判昭44.12.24）〉

事案の概要	昭和37年6月21日に行われたデモ行進において、先頭集団にいた学生らの行進は、7～8名位の縦隊で道路の中央あたりを行進するものであった。この状況は、京都府公安委員会が付した「行進隊列は4列縦隊とする」という許可条件および警察署長が道路交通法に基づいて付した「車道の東側端を進行する」という条件に外形的に違反する状況であったため、警察官が、この状況を現認して、許可条件違反の事実ありと判断し、違法な行進の状態および違反者を確認するため、集団の先頭部分の行進状況を撮影した事件
判旨	①個人の私生活上の自由の一つとして、何人も、その承諾なしに、みだりにその容ぼう等を撮影されない自由を有する ②現に犯罪が行われもしくは行われたのち間がないと認められる場合であって、証拠保全の必要性および緊急性があり、かつその撮影が一般的に許容される限度を超えない相当な方法をもって行われる場合には、撮影される本人の同意がなく、また裁判官の令状がなくても、警察官による個人の容ぼう等の撮影が許容される ③このような場合に行われる警察官による写真撮影は、その対象の中に、犯人の容ぼう等のほか、犯人の身辺または被写体とされた物件の近くにいたためこれを除外できない状況にある第三者である個人の容ぼう等を含むことになっても、憲法13条に違反しない ④本件巡査の写真撮影は、現に犯罪が行われていると認められる場合になされたものであって、しかも証拠保全の必要性および緊急性が認められ、その方法も一般的に許容される限度を超えない相当なものであったと認められ、それが集団行進者の同意もなく、その意思に反して行われたとしても、適法な職務執行行為といえる

個人のプライバシーに属する事実をみだりに公表されない利益は、法的保護の対象となるというべきであり、過去の逮捕歴もこれに含まれる。

（R6－4肢1）

答　○　個人のプライバシーに属する事実をみだりに公表されない利益は法的保護の対象となり、過去の逮捕歴もこれに含まれる。

憲法 法の下の平等

直前フォーカス
法の下の平等は、直近では令和元年に出題があります。憲法における重要テーマですので、今年の試験でも出題される可能性が高いテーマといえます。また、令和元年では出題がなかった議員定数不均衡訴訟だけで1問というパターンも想定しておくとよいでしょう。

予想ポイント① 14条1項

憲法14条1項に関する判例

- □□□ 尊属殺人の場合の法定刑を死刑と無期懲役に限っている刑法200条は、刑を加重しようとすること自体は不合理ではないが、刑法199条（殺人罪）に比して刑の加重の程度が重すぎ、憲法14条1項に**違反する**（尊属殺重罰規定事件：最大判昭48.4.4）。

- □□□ 夫婦関係にない父（日本人）と母（外国人）との間に生まれた子が、父から認知され、国籍取得届により国籍を取得する要件として、国籍法3条1項が、父母の婚姻を要求していることは、過剰な要件を課すものであり、憲法14条1項に**違反する**（生後認知児童国籍確認事件：最大判平20.6.4）。

- □□□ 非嫡出子の相続分を嫡出子の2分の1とする民法900条4号ただし書の規定は、憲法14条1項に**違反する**（非嫡出子相続分規定違憲事件：最大決平25.9.4）。

- □□□ 女性は婚姻解消後6か月間は再婚できないとする民法733条1項は、女性にのみ再婚禁止の規定を設けることやその期間が100日までの部分については不合理ではないが、100日を超える部分については憲法14条1項に**違反する**（女子再婚禁止期間事件：最大判平27.12.16）。
  補足　法改正（令和6年4月1日施行）により、現在は女性の再婚禁止期間の規定は削除されています。

関連知識　私人間効力に関する判例もチェックしておこう！
- □□□ 私企業が就業規則において性別のみによる不合理な差別を定めることは、民法90条の規定により、公序良俗に違反するものとして**無効**とされる（日産自動車事件：最判昭56.3.24）。
  私人間効力
  …憲法14条1項の規定は、もっぱら国または公共団体と個人との関係を規律するものであり、私人相互の関係を**直接規律するものではない**。

4 法の下の平等

予想ポイント② 議員定数不均衡訴訟

投票価値の不均衡状態にある場合、どのようなときに違憲判決が出されるかのルール

□□□ 議員定数配分の不均衡が著しく不合理なものであっても、直ちに違憲判決が出されるものではなく、その不均衡が合理的な期間内に是正されなかった場合に違憲判決が出される（衆議院議員定数不均衡訴訟：最大判昭51.4.14、最大判昭60.7.17）。

まとめの図表〈憲法14条1項や24条に関する判例〉

合 憲	・地方公共団体ごとに条例が制定されることにより地域差が生じること（売春条例事件：最大判昭33.10.15） ・必要経費の控除について、事業所得者と給与所得者との間に設けられた区別（サラリーマン税金訴訟：最大判昭60.3.27） ・婚姻すれば夫婦はいずれかの氏を称しなければならないとする民法750条の規定（夫婦同氏訴訟：最大決令3.6.23） ・裁判長が、裁判の傍聴にあたり、司法記者クラブ所属の報道機関の記者に対してのみメモ採取を許可したこと（レペタ法廷メモ採取事件：最大判平元.3.8）
違 憲	・尊属殺の法定刑を死刑と無期懲役のみに限っている刑法200条の規定（尊属殺重罰規定事件：最大判昭48.4.4） ・夫婦関係にない父（日本人）と母（外国人）との間に生まれた子が、父から認知され、国籍取得届により国籍を取得する要件として、父母の婚姻を要求する国籍法3条1項の規定（生後認知児童国籍確認事件：最大判平20.6.4） ・非嫡出子の相続分を嫡出子の2分の1とする民法900条4号ただし書の規定（非嫡出子相続分規定違憲事件：最大決平25.9.4） ・女性は婚姻解消後6か月間は再婚ができないとする民法733条1項の規定のうち、100日を超える部分（女子再婚禁止期間事件：最大判平27.12.16） ・衆議院議員選挙における定数配分が不均衡であり、かつ、合理的な期間内に是正されていない場合（衆議院議員定数不均衡訴訟：最大判昭51.4.14、最大判昭60.7.17）

法定相続分について嫡出性の有無により差異を設ける規定は、相続時の補充的な規定であることを考慮しても、もはや合理性を有するとはいえず、憲法に違反する。
（H28-7肢3）

 ○ 非嫡出子は嫡出子の2分の1しか相続できないとするような法定相続分について嫡出性の有無により差異を設ける規定は、憲法に違反する。

憲法

表現の自由

直前フォーカス

表現の自由は、ほぼ毎年出題されている人権規定における最重要のテーマです。令和6年には出題がありませんでしたので、今年の試験では出題される可能性が高いテーマといえます。また、表現の自由の判例を題材とした問題は多肢選択式でも出題されやすいテーマです。

予想ポイント① 報道の自由・取材の自由

博多駅テレビフィルム提出命令事件と、その他取材関係の判例

☐☐☐ **報道の自由**は、国民の知る権利に奉仕するものであり、憲法21条1項の保障のもとにあるとされたが、**取材の自由**は、憲法21条1項の精神に照らし十分尊重に値すると述べるにとどめられた（博多駅テレビフィルム提出命令事件：最大決昭44.11.26）。

☐☐☐ 取材の自由の制限（外務省機密漏洩事件：最決昭53.5.31）
報道機関が取材の目的で公務員に対し秘密を漏示するようにそそのかしたからといって、そのことだけで、直ちに当該行為の違法性が推定されるものと解するのは相当ではなく、報道機関が公務員に対し根気強く執拗に説得ないし要請を続けることは、それが真に報道の目的からでたものであり、その手段・方法が法秩序全体の精神に照らし相当なものとして**社会観念上是認されるものである限り**は、実質的に違法性を欠き正当な業務行為といえる。

> 補足　ここでいう秘密とは、非公知の事実であって、実質的にもそれを秘密として保護するに値すると認められるものをいい、その判定は司法判断に服する。

☐☐☐ 新聞記者の証言拒絶（最大判昭27.8.6、最決平18.10.3）
・刑事訴訟において取材源秘匿のための証言拒絶：**なし**
・民事訴訟において職業の秘密にあたる事項の証言拒絶：**あり**

予想ポイント② 検閲の禁止

検閲の定義とそのあてはめ

☐☐☐ **行政権**が主体となって、**思想内容等の表現物**を対象とし、その全部または一部の**発表の禁止**を目的として、対象とされる一定の表現物につき**網羅的一般的**に、**発表前**にその内容を審査した上、不適当と認めるものの発表を禁止することを、その特質として備えるものを指す（税関検査事件：最大判昭59.12.12）。

5 表現の自由

> **あてはめ**
> ・税関検査：検閲に**あたらない**
> ・裁判所による出版差止め：検閲に**あたらない**
> ・教科書検定：検閲に**あたらない**

まとめの図表〈レペタ法廷メモ採取事件（最大判平元.3.8）〉

事案の概要	経済法の研究の一環として所得税法違反事件の裁判を傍聴していたＸが、メモ採取の許可を申請したが、裁判長に不許可とされたため、これを不服として、国家賠償請求訴訟を提起した事件
判　旨	①憲法82条１項（裁判の公開）は、法廷で傍聴人がメモを取ることを権利として保障**していない** ②法廷で傍聴人がメモを取ることは、その見聞する裁判を認識記憶するためにされるものである限り、憲法21条１項の精神に照らし**尊重**に値し、故なく妨げられてはならない ③筆記行為の自由は、憲法21条１項の規定によって直接保障されている表現の自由そのものとは**異なる**ものであるから、その制限または禁止には、表現の自由に制約を加える場合に一般に必要とされる厳格な基準が要求**されない** ④法廷警察権の行使は、裁判長の広範な**裁量**に委ねられ、その行使の要否、執るべき措置についての裁判長の判断は、最大限に尊重されなければならない ⑤法廷でメモを取ることを司法記者クラブ所属の報道機関の記者に対してのみ許可し、一般傍聴人に対して禁止する裁判長の措置は、憲法14条１項に違反**しない**

取材の自由は、表現の自由を保障した憲法第21条の保護のもとにある。
（H16－5肢1）

答　×　取材の自由は、憲法21条の精神に照らし十分尊重に値するものと判断されただけで、憲法21条の保護のもとにあるとはいわれていない。

国会、内閣、裁判所

憲法

直前フォーカス

国会、内閣、裁判所は、統治分野における頻出事項です。令和6年には国会を題材とした問題が、多肢選択式で裁判所を題材とした問題が出題されています。憲法における重要テーマですので、今年の試験でも出題可能性は高いといえます。条文知識をていねいに押さえておきましょう。

予想ポイント① 国会　　R2-5、R3-6、R5-5・6、R6-6・7

衆議院の優越、国会の権能・議院の権能

□□□　法律案の議決、予算の議決、条約の承認、内閣総理大臣の指名については、**衆議院**の議決を参議院の議決よりも優先させる仕組みが採られている。

衆議院の優越

	法律案の議決	予算の議決	条約の承認	内閣総理大臣の指名
衆議院の先議権	なし	あり	なし	なし
両院協議会の開催	任意的	必要的	必要的	必要的
参議院が議決しない場合	60日以内に議決しない場合、衆議院は、参議院が否決したとみなすことができる	30日以内に議決しない場合、衆議院の議決が国会の議決となる	30日以内に議決しない場合、衆議院の議決が国会の議決となる	10日以内に議決しない場合、衆議院の議決が国会の議決となる
衆院再可決	出席議員の3分の2以上の多数	－	－	－

□□□　会期前に逮捕された議員の釈放要求（50条）、資格争訟裁判（55条）、国政調査（62条）は**議院**の権能とされるが、弾劾裁判所の設置（64条）は**国会**の権能である。

予想ポイント② 内閣　　R2-6、R4-6、R5-5

内閣の権能・内閣総理大臣の権能

□□□　内閣が総辞職した場合でも、内閣は、**あらたに内閣総理大臣が任命**されるまで引き続きその職務を行う（71条）。

6 国会、内閣、裁判所

□□□ 国務大臣の任命・罷免（68条）、国務大臣の訴追に対する同意（75条）は**内閣総理大臣**の権能であるが、天皇の国事行為に対する助言と承認（3条）、条約の締結（73条3号）、政令の制定（73条6号）、最高裁判所の長官以外の裁判官の任命（79条1項、80条1項）は**内閣**の権能である。

予想ポイント③ 裁判所　　R4-7、R5-6、R6-41

法律上の争訟と司法権の限界

□□□ 衆議院の解散のような直接国家統治の基本に関する**高度に政治性**のある国家行為は、それが法律上の争訟となり、これに対する有効無効の判断が法律上可能である場合であっても、裁判所の審査権の外にある（最大判昭35.6.8）。

□□□ 地方議会の議員に対する出席停止の懲罰の適否は、司法審査の対象と**なる**（最大判令2.11.25）。

まとめの図表〈憲法の条文で出てくる分数〉

出席議員の 3分の2以上	・議員の**資格争訟の裁判**により議員の議席を失わせる（55条） ・**秘密会**を開く（57条1項） ・議員を**除名**する（58条2項） ・衆議院で法律案を**再可決**する（59条2項）
総議員の 3分の2以上	・**憲法改正**の発議（96条1項）
総議員の 3分の1以上	・議院が議事を**開く**（56条1項）
総議員の 4分の1以上	・**臨時会**の召集決定の要求（53条）
出席議員の 5分の1以上	・各議員の**表決**の会議録への記載を要求（57条3項）

内閣総理大臣が欠けたとき、内閣は総辞職をしなければならないが、この場合の内閣は、あらたに内閣総理大臣が任命されるまで引き続きその職務を行う。
(R4-6肢4)

答　〇　内閣は総辞職した場合でも、あらたに内閣総理大臣が任命されるまで引き続きその職務を行う。

憲法 天皇

直前フォーカス
天皇は、頻出事項ではありませんが、直近の出題が平成30年であり、令和になってからはまだ出題されていませんので、そろそろ出題可能性も高くなってきました。天皇の国事行為を中心に準備しておきましょう。

予想ポイント① 天皇の地位

天皇の地位や皇室財産に関する条文知識

- □□□ 天皇は、日本国の象徴であり日本国民統合の象徴であって、この地位は、主権の存する日本国民の総意に基づく（1条）。

- □□□ 皇位は、世襲のものであって、国会の議決した皇室典範の定めるところにより、これを継承する（2条）。
  補足　憲法で明記されているのは天皇の世襲制であり、男系男子の継承や継承順位は、皇室典範という法律で定められている。

- □□□ 皇室典範の定めるところにより摂政を置くときは、摂政は、天皇の名でその国事に関する行為を行う（5条）。

- □□□ 皇室に財産を譲り渡したり、皇室が財産を譲り受ける場合、国会の議決に基づく必要がある（8条）。

- □□□ 皇室財産は国に属し、皇室の費用は予算に計上して国会の議決を経なければならない（88条）。

予想ポイント② 天皇の国事行為

天皇の国事行為に関する条文知識

- □□□ 天皇は、法律の定めるところにより、国事行為を委任することができる（4条2項）。

- □□□ 天皇は、国会の指名に基づいて、内閣総理大臣を任命する（6条1項）。
  補足　国務大臣の任命は、内閣総理大臣が行う（68条1項）。

- □□□ 天皇は、内閣の指名に基づいて、最高裁判所の長たる裁判官を任命する（6条2項）。
  補足　最高裁判所の長官以外の判事の任命は、内閣が行う（79条1項）。

7 天皇

□□□ 天皇の国事行為には、内閣の助言と承認を必要とし、内閣が、その責任を負う（3条）。

まとめの図表〈天皇の国事行為〉　　○：天皇の国事行為　　×：天皇の国事行為ではない

6条関連	内閣総理大臣の指名：× 内閣総理大臣の任命：○ 最高裁判所長官の指名：× 最高裁判所長官の任命：○
7条関連	憲法改正の公布：○ 法律の公布：○ 政令の公布：○ 条約の公布：○ 予算の公布：× 条例の公布：× 臨時国会の召集決定：× 臨時国会の召集：○ 参議院の緊急集会の求め：× 衆議院の解散：○ 国務大臣の任免：× 国務大臣の任免の認証：○ 大赦、特赦、減刑、刑の執行の免除、復権の決定：× 大赦、特赦、減刑、刑の執行の免除、復権の認証：○ 栄典の授与：○

次のア～オの記述のうち、憲法上、天皇の国事行為として認められていないものはいくつあるか。
- ア　内閣総理大臣の指名
- イ　憲法改正、法律、政令及び条約の裁可
- ウ　国務大臣の任免
- エ　大赦、特赦、減刑、刑の執行の免除及び復権の決定
- オ　衆議院の解散

1　一つ　　2　二つ　　3　三つ　　4　四つ　　5　五つ

答　4　ア（国会が行う）・イ（公布が天皇国事行為であり裁可ではない）・ウ（内閣総理大臣が行う）・エ（内閣が行う）の四つであり、肢4が正解。

1日目 究極のファイナルチェック❽

憲　法

財　政

直前フォーカス

財政は、直近では令和5年に出題されており、ほかに平成29年、27年、24年、22年にも出題があります。財政の条文知識や判例知識も確認しておきましょう。

予想ポイント①　条文知識タイプ

R5-7

財政の条文は83条から91条までなので、特に問われやすい箇所をチェックしておこう！

□□□　あらたに租税を課し、または現行の租税を変更するには、**法律**または**法律**の定める条件によることを必要とする（84条）。

□□□　国費を支出し、または国が債務を負担するには、**国会の議決**に基づくことを必要とする（85条）。

□□□　**内閣**は、毎会計年度の予算を作成し、**国会**に提出して、その審議を受け議決を経なければならない（86条）。
　　　予算の減額修正：**できる**
　　　予算の増額修正：**できる**（予算の同一性を損なうような大修正はできない）

□□□　予備費の支出については、内閣は、事後に**国会**の承諾を得なければならない（87条2項）。

□□□　国の収入支出の決算は、すべて毎年**会計検査院**がこれを検査し、内閣は、次の年度に、その検査報告とともに、これを国会に提出しなければならない（90条1項）。

予想ポイント②　判例タイプ

国民健康保険料の徴収と憲法84条の関係を示した判例

□□□　地方公共団体が行う国民健康保険は、保険税ではなく、保険料を徴収する方式のものであっても、保険料の賦課徴収の強制の度合いにおいて租税に類似する性質を有するものといえ、憲法84条の**趣旨が及ぶ**（旭川市国民健康保険条例事件：最大判平18.3.1）。

比較して覚えよう！
・保険税として徴収する場合は、84条を適用**できる**
・保険料として徴収する場合は、84条の直接適用ではなく、その**趣旨を及ぼす**

24

8 財政

まとめの図表〈予算成立までの流れ〉

予算：一会計年度における国の財政行為の準則

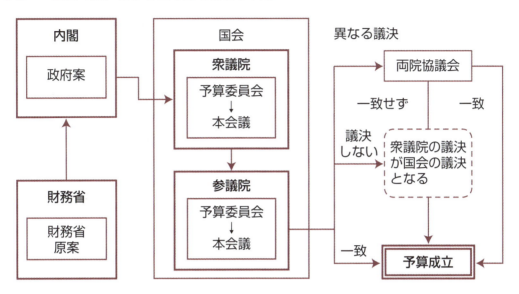

予算は先に衆議院に提出しなければならない（60条1項）。予算について、参議院で衆議院と異なった議決をした場合に、法律の定めるところにより、両議院の協議会を開いても意見が一致しないとき、または参議院が、衆議院の可決した予算を受け取った後、国会休会中の期間を除いて30日以内に、議決しないときは、衆議院の議決を国会の議決とする（60条2項）。

 国の収入支出の決算は、内閣が、毎年そのすべてについて国会の承認の議決を得たうえで、会計検査院に提出し、その審査を受けなければならない。

（R5－7肢5）

答　×　国の収入支出の決算は会計検査院で検査するが、国会の承認の議決を得てから行われるものではない。

行政法

国の行政組織

直前フォーカス
国の行政組織は、直近では令和4年に出題されています。行政機関の分類、府省に置かれる外局、公務員の知識、国家行政組織法の条文知識を準備しておきましょう。

予想ポイント① 行政機関の分類

行政庁と諮問機関の特徴

- □□□ 行政庁は、行政主体の意思または判断を決定し、私人に表示する権限を持つ行政機関である。**独任制**のものもあるが、**合議制**の行政庁もある。

- □□□ 諮問機関は、行政庁の諮問に応じて意見を述べる行政機関である。諮問機関の意見は行政庁を法的に**拘束しない**。

  比較して覚えよう！
  ・参与機関：参与機関の意見は行政庁を法的に**拘束する**。

予想ポイント② 公務員

公務員に対する処分

- □□□ 国家公務員には一般職と特別職の区分がある。国家公務員法の規定は**一般職**の公務員に適用される（国家公務員法2条4項）。

- □□□ 国家公務員は、**懲戒処分**や**分限処分**により免職される場合がある。

公務員の分限処分と懲戒処分

	分限	懲戒
事由	本人の意に反する降任または免職の場合 ①人事評価または勤務の状況を示す事実に照らして、**勤務実績**がよくない ②**心身の故障**のため、職務の遂行に支障がありまたはこれに堪えない ③その他その官職に必要な適格性を欠く ④官制・定員の改廃または予算の減少により廃職・過員を生じた 本人の意に反する休職の場合 ①心身の故障のため長期の休養を要する ②刑事事件に関し起訴された	懲戒になる場合 ①国家公務員法、国家公務員倫理法、これらの法律に基づく命令に違反した ②職務上の義務に違反しまたは職務を怠った ③国民全体の奉仕者たるにふさわしくない**非行**があった
処分	降任、免職、休職	免職、停職、減給、戒告

26

9 国の行政組織

予想ポイント③　国の行政組織　　　　　　　　　　　　　R4-25

行政立法の名称と府省に置かれる外局

☐☐☐　行政組織のため置かれる国の行政機関は、省、委員会、庁とし、その設置および廃止は、別に<u>法律</u>の定めるところによる（国家行政組織法3条2項）。

☐☐☐　各省大臣は、主任の行政事務について、法律・政令を施行するため、または法律・政令の特別の委任に基づいて、それぞれその機関の命令として<u>省令</u>を発することができる（国家行政組織法12条1項）。

比較して覚えよう！

	制定主体	法律の委任がある場合の罰則の制定
政　令	内閣	できる
内閣府令	内閣総理大臣	できる
省　令	各省大臣	できる
外局規則	各庁の長官、各委員会	できる

まとめの図表〈府省に置かれる外局〉

内閣府	公正取引委員会 国家公安委員会 個人情報保護委員会 カジノ管理委員会 金融庁 消費者庁 こども家庭庁	文部科学省	スポーツ庁 文化庁
		厚生労働省	中央労働委員会
		農林水産省	林野庁 水産庁
		経済産業省	資源エネルギー庁 特許庁 中小企業庁
総務省	公害等調整委員会 消防庁		
法務省	公安審査委員会 出入国在留管理庁 公安調査庁	国土交通省	運輸安全委員会 観光庁 気象庁 海上保安庁
外務省	──	環境省	原子力規制委員会
財務省	国税庁	防衛省	防衛装備庁

各省大臣は、主任の行政事務について、法律もしくは政令を施行するため、または法律もしくは政令の特別の委任に基づいて、それぞれその機関の命令として規則その他の特別の命令を発することができる。　　（R元-9肢4）

答　×　各省大臣が発する命令は、規則ではなく、「省令」である。

行政法

行政行為

2日目 究極のファイナルチェック⑩

直前フォーカス
行政行為は、ほとんど毎年出題されているテーマであり、令和6年にも出題がありました。行政法の一般的な法理論における最重要テーマといえます。引き続き出題される可能性の高いテーマですので、注意しましょう。

予想ポイント① 行政行為の分類　　　　　　　　　　　　　　R2-26

行政行為の分類上の「許可」「特許」「認可」の具体例

- □□□　自動車運転免許、風俗営業の許可は、「許可」に分類される。

- □□□　道路の占用許可、公有水面埋立の免許、電気事業の許可は、「特許」に分類される。

- □□□　農地の権利移転の許可、公共料金値上げの認可、銀行合併の認可は、「認可」に分類される。

予想ポイント② 行政行為の取消し　　　　　　　R2-9、R5-8、R6-8

取消しと撤回の相違

- □□□　行政行為の取消しは、行政行為成立当初から存在する瑕疵を理由に、その効力を失わせることをいう。一方、行政行為の撤回は、瑕疵なく成立した行政行為を後発的事情を理由に、その効力を失わせることをいう。

比較して覚えよう！

	取消し	撤回
原　因	原始的瑕疵	後発的事情
効　果	遡及効	将来効
行政手続法の聴聞の対象	なる	なる

- □□□　先行行為と後行行為が互いに結合して1つの効果の実現を目指し、これを完成するものである場合には、先行行為の違法性は後行行為に承継され、後行行為に対する取消しの訴えにおいて先行行為の違法性を主張することができる（違法性の承継）。

- □□□　瑕疵の治癒とは、行政行為時に存在した瑕疵（取消原因）が、その後の事情により、実質的に適法要件を具備した結果、当該行為を適法扱いすることをいう。

10 行政行為

| 予想ポイント③ | 行政裁量 | R3-9 |

行政裁量が認められるかどうか

☐☐☐ 公立学校の目的外使用許可、公務員に対する懲戒処分、外国人の在留更新許可には、裁量が認められるが、建築確認の判断には、裁量は認められない。

| 予想ポイント④ | 行政行為の附款 |

行政行為の附款の種類

☐☐☐ 附款は、行政行為の効果を制限するために付される行政庁の従たる意思表示のことをいい、条件、期限、負担、撤回権の留保、法律効果の一部除外の種類がある。

☐☐☐ 附款を付すことが認められる場合でも、平等原則や比例原則など法の一般原則に反するような附款を付すことは違法となる。

まとめの図表〈行政行為の効力〉

公定力	行政行為が違法であっても、権限のある機関によって取り消されない限り、有効のまま扱われる効力 ※国家賠償請求訴訟や刑事訴訟の中で行政行為の違法を主張するにあたり、あらかじめ行政行為の取消訴訟を提起する必要はない
不可争力	一定期間を経過すると、私人からは行政行為の効力を争うことができなくなる効力 ※出訴期間経過後に、国民が取消訴訟を提起することはできないが、行政庁が職権で取り消すことはできる
不可変更力	行政庁は自らがした行政行為は変更することができなくなる効力 ※争訟裁断的行政行為には認められるが、行政行為一般に認められるものではない
執行力	相手方が義務を履行しない場合、行政庁は、裁判所に訴えるまでもなく、自力で強制的に行政行為の内容を実現できる効力 ※法律の根拠なく執行してよいことを認めるものではない

金銭納付義務を課す処分の違法を理由として国家賠償請求をするためには、事前に当該処分が取り消されていなければならない。　　　（R6-8肢2）

答　×　国家賠償請求をするために、事前に当該処分が取り消されている必要はない。

行政法

行政契約

直前フォーカス

行政行為以外の行政作用には、行政立法、行政指導、行政計画、行政契約などがありますが、令和6年は行政立法に関する出題がありました。行政契約については、直近では令和4年に出題がありますが、今年は行政契約からの出題に注意しましょう。

予想ポイント①　行政契約　　　　　　　　　　　　　　　　　　R2-10、R4-9

行政契約の締結に関するルールや判例知識

- □□□　行政手続法では、行政契約の締結の方法についてのルールは規定されていない。
  - 補足　行政手続法の規制対象
    - 処分：○、行政指導：○、届出：○、命令等の制定：○
    - 行政契約：×　行政計画：×

- □□□　地方自治法には、契約の締結に関して、売買・賃貸・請負その他の契約は、一般競争入札・指名競争入札・随意契約・せり売りにより締結するものとし（地方自治法234条1項）、指名競争入札・随意契約・せり売りは政令で定める場合に該当するときに限り、これによることができるとし、<u>一般競争入札</u>を原則とする規定がある（234条2項）。
  - 判例・普通地方公共団体が、法令に違反して締結した随意契約は、政令で認められている随意契約に該当しないことが誰が見ても明らかな場合や、契約の相手方が、その契約を随意契約はできないことを知っていたか、知ることができた場合など、その契約を無効にする必要がある特段の事情が認められる場合に限って、私法上無効となる。これらの特段の事情が存しない場合、当該契約は私法上<u>有効</u>なものとされる（最判昭62.5.19）。

- □□□　水道事業者は、事業計画に定める給水区域内の需要者から給水契約の申込みを受けたときは、<u>正当の理由</u>がなければ、これを拒んではなならない（水道法15条1項）。
  - 判例・新たな給水申込みのうち、需要量が特に大きく、住宅を供給する事業を営む者が住宅を分譲する目的であらかじめしたものについて給水契約の締結を拒むことにより、急激な水道水の需要の増加を抑制するためのやむを得ない措置の場合、水道法15条1項にいう「正当の理由」に<u>当たる</u>（最判平11.1.21）。

30

11　行政契約

- 市がマンションを建築しようとする事業主に対して指導要綱に基づき教育施設負担金の寄付を求めたが、指導要綱が、これに従わない事業主には水道の給水を拒否するなどの制裁措置を背景として義務を課すことを内容とするものであって、当該行為が行われた当時、これに従うことのできない事業主は事実上建築等を断念せざるを得なくなっており、現に指導要綱に従わない事業主が建築したマンションについて水道の給水等を拒否していたような場合、行政指導の限度を超え、違法な公権力の行使に当たる（最判平5.2.18）。このように、行政指導に対する不協力は、水道法15条1項にいう「正当の理由」に当たらず、それを理由に水道の給水契約の締結を拒否することは許されない。

□□□　産業廃棄物処分業者が、公害防止協定において、協定の相手方（知事）に対して、その事業や処理施設を将来廃止する旨を約束することは、処分事業者自身の自由な判断で行えることであり、その結果、許可が効力を有する期間内に事業や処理施設が廃止されることがあっても法律に何ら抵触するものではない（最判平21.7.10）。

まとめの図表〈行政行為以外の行政作用〉

	法律の根拠の要否	行政手続法の規律	取消訴訟の対象
行政立法	法規命令：必要 行政規則：不要	あり	ならない ※1
行政計画	拘束的計画：必要 非拘束的計画：不要	なし	土地区画整理事業計画の決定：なる
行政指導	不要	あり	ならない ※2
行政契約	不要	なし	ならない

※1　告示によるみなし道路の一括指定のように、規範定立行為を取消訴訟の対象となる処分にあたるとした判例もある（最判平14.1.17）。
※2　病院開設の中止勧告のように、行政指導を取消訴訟の対象となる処分にあたるとした判例もある（最判平17.7.15）。

行政手続法は、行政契約につき定義規定を置いており、国は、それに該当する行政契約の締結及び履行にあたっては、行政契約に関して同法の定める手続に従わなければならない。　　　　　　　　　　　　　　　　（R4-9肢ア）

答　×　行政手続法には、行政契約の定義規定や行政契約の締結の手続についての規定は置かれていない。

行政法

行政強制・行政罰

直前フォーカス

行政強制・行政罰は、直近では令和3年に出題されています。行政法の一般的な法理論では、行政行為に次ぐ重要なテーマです。令和3年には多肢選択式で出題され、5肢択一式での出題はなかったので、今年は5肢択一式での出題に気をつけましょう。

予想ポイント① 行政上の強制執行

代執行、執行罰、強制徴収、直接強制の特徴

- □□□ 行政上の強制執行を行うには法律の根拠が必要であるが、**代執行**には具体的な強制の方法について一般法があるが、**執行罰**、**強制徴収**、**直接強制**は、個別の法律に規定がある場合でなければ行うことはできない。

  比較して覚えよう！
  ・行政代執行法による手続の規定の有無
  　　代執行：**あり**　執行罰：**なし**　強制徴収：**なし**　直接強制：**なし**

- □□□ 国または地方公共団体が、もっぱら行政権の主体として国民に対して行政上の義務の履行を求める訴訟は、法律上の争訟に**あたらない**（宝塚市パチンコ条例事件：最判平14.7.9）。

  理由　法規の適用の適正ないし一般公益の保護を目的とするものであって、自己の権利利益の保護救済を目的とするものではないから

  比較して覚えよう！
  ・国または地方公共団体が、財産権の主体として自己の財産上の権利利益の保護救済を求める場合には法律上の争訟に**あたる**

- □□□ 行政代執行法による代執行は、代替的作為義務の不履行のほか、**他の手段による履行確保が困難**であること、不履行を放置することが**著しく公益に反する**と認められることの要件も満たす必要がある（行政代執行法2条）。

- □□□ 代執行の実施には、①文書による戒告、②代執行令書による通知の手続を踏む必要があるが、非常の場合または危険切迫の場合において、当該行為の急速な実施について**緊急**の必要があるときは、①②の手続は省略**できる**（行政代執行法3条）。

- □□□ 公法上の債権について、行政上の強制徴収の手段が定められている場合、民事上の強制執行手続を執ることは**できない**。

12 行政強制・行政罰

☐☐☐ **執行罰**は、義務の不履行に対して過料を科すことによりその履行を促そうとする制度である。

予想ポイント②　即時強制　R3-42

即時強制と直接強制の相違

☐☐☐ 行政上の強制執行の一つである直接強制は義務の不履行を前提とするが、即時強制は義務の不履行を前提と**しない**。

☐☐☐ 感染症予防法に基づく強制入院、消防法に基づく消火活動のための立入りや家屋の倒壊、警察官職務執行法に基づく泥酔者の保護は、**即時強制**にあたる。

予想ポイント③　行政罰　R3-42

行政刑罰と秩序罰の相違

☐☐☐ 行政罰には、比較的重大な行政法規違反に対して刑法に刑名のある刑罰を科す**行政刑罰**と、比較的軽微な行政法規に違反に対して過料を科す**秩序罰**がある。

☐☐☐ 秩序罰を科す場合、本来、**非訟事件手続法**により裁判所が過料を科すことになるが、**地方自治法**では、地方公共団体が条例違反者に対して秩序罰を科す場合、**長**が行政行為の形式で科すものとしている。

まとめの図表〈行政刑罰と秩序罰〉

	行政刑罰	秩序罰
法律の根拠	必要	必要
刑法総則の適用	あり	なし
刑事訴訟法の適用	あり	なし
併　科	一つの義務違反に対して行政刑罰を二重に科すこと：できない 行政刑罰に懲戒罰を併科すること：できる	

執行罰とは、行政上の義務の不履行について、罰金を科すことにより、義務の履行を促す制度であり、行政上の強制執行の一類型とされる。

（H29-10肢1）

答　×　執行罰によって科されるのは「過料」であって、罰金ではない。

行政手続法1（総則）

行政法

直前フォーカス
行政手続法は、処分、行政指導、届出、命令等の制定についての手続を定めた法律です。5肢択一式では例年3問の出題があり、令和6年は不利益処分、行政指導、審査基準と処分基準についての出題でした。総則からは、平成29年に目的条文を題材とした出題もありましたので、再度の出題に備えましょう。

予想ポイント① 目的条文
行政手続法の対象事項、一般法

- □□□ 行政手続法は、処分、行政指導および届出に関する手続ならびに命令等を定める手続に関し、共通する事項を定めることによって、行政運営における**公正の確保**と**透明性の向上**を図り、もって国民の権利利益の保護に資することを目的とする（1条1項）。

- □□□ 行政手続法は**一般法**なので、他の法律に特別の定めがある場合は、その定めるところによる（1条2項）。

予想ポイント② 定義条文　　　　　　　　　　　　R2-11、R5-11、R6-12
行政手続法に登場する用語

- □□□ **不利益処分**は、行政庁が、法令に基づき、特定の者を名あて人として、直接に、これに義務を課し、またはその権利を制限する処分をいう（2条4号）。
  - 補足　申請により求められた許認可等を拒否する処分その他申請に基づき当該申請をした者を名あて人としてされる処分は、不利益処分に**あたらない**。

- □□□ 命令等には、内閣または行政機関が定める命令のほか、審査基準、処分基準、行政指導指針も**含まれる**（2条8号）。
  - 補足　命令等を制定するにあたり、命令等制定機関は、意見公募手続をとる必要が**ある**。

予想ポイント③ 適用除外　　　　　　　　　　　　　　R6-11・12
行政手続法の規定が適用されない分野

- □□□ 公務員または公務員であった者に対してその職務または身分に関してされる処分には、行政手続法の処分の規定は適用**されない**（3条1項9号）。

13 行政手続法1（総則）

□□□　外国人の出入国、難民の認定・補完的保護対象者の認定、帰化に関する処分には、行政手続法の処分の規定は適用されない（3条1項10号）。

□□□　地方公共団体の機関がする処分で、その根拠となる規定が条例・規則に置かれているものには行政手続法の処分の規定は適用されないが、その根拠となる規定が法律・命令に置かれているものには行政手続法の処分の規定は適用される（3条3項）。

まとめの図表〈地方公共団体と行政手続法の適用（3条3項）〉

		行政手続法の規定の適用
処分	根拠が法律・命令	適用あり
	根拠が条例・規則	適用なし
行政指導		適用なし
届出	根拠が法律・命令	適用あり
	根拠が条例・規則	適用なし
命令等の制定		適用なし

※地方公共団体は、3条3項において行政手続法の規定を適用しないこととされた処分、行政指導、届出、命令等を定める行為に関する手続について、行政手続法の規定の趣旨にのっとり、行政運営における公正の確保と透明性の向上を図るため必要な措置を講ずるよう努めなければならない（46条）。

「不利益処分」とは、申請により求められた許認可等を拒否する処分など、申請に基づき当該申請をした者を名あて人としてされる処分のほか、行政庁が、法令に基づき、特定の者を名あて人として、直接に、これに義務を課し、またはその権利を制限する処分をいう。　　　　　　　　　　（R2-11肢1）

　　答　×　申請により求められた許認可等を拒否する処分など、申請に基づき当該申請をした者を名あて人としてされる処分は、「申請に対する処分」であって、「不利益処分」ではない。

行政手続法 2（聴聞）

行 政 法

直前フォーカス

行政手続法では、処分、行政指導、届出、命令等の制定について規定されていますが、処分が最重要テーマです。今年も引き続き連続して出題される可能性は高いといえ、令和6年でも不利益処分を題材として出題されていましたが、引き続き不利益処分に注意しましょう。

予想ポイント①　聴聞　　　　　　　　　　　　R2-12、R5-12、R6-11

15条以下の聴聞に関する条文知識

□□□　**聴聞の実施**
　　行政庁AがXに営業許可の取消しの処分をするにあたり、処分に先立ち聴聞が実施され、**主宰者**としてBが指名され、Xに意見陳述の機会が付与された場合
　①代理人
　　Xは、代理人を選任することが**できる**（16条1項）。
　②文書閲覧請求
　　Xは、**聴聞の通知があった時から聴聞が終結する**までの間、行政庁Aに対し、当該事案についてした調査の結果に係る調書その他の当該不利益処分の原因となる事実を証する資料の閲覧を求めることができる（18条1項前段）。
　　補足　この場合、行政庁Aは、第三者の利益を害するおそれがあるときその他正当な理由があるときでなければ、その閲覧を拒むことができない（18条1項後段）。
　③当事者のできること
　　Xは、聴聞の期日に出頭して、意見を述べ、および証拠書類等を提出し、ならびに**主宰者Bの許可**を得て行政庁Aの職員に対し質問を発することができる（20条2項）。

□□□　聴聞の期日における審理は、行政庁が公開することを相当と認めるときを除き、公開**しない**（20条6項）。

14 行政手続法2（聴聞）

☐☐☐ 聴聞終結後
①調書・報告書
主宰者は、聴聞の審理の経過を記載した調書を作成し、当該調書において、不利益処分の原因となる事実に対する当事者および参加人の陳述の要旨を明らかにしておかなければならない（24条1項）。
主宰者は、聴聞の終結後速やかに、不利益処分の原因となる事実に対する当事者等の主張に理由があるかどうかについての意見を記載した報告書を作成し、調書とともに行政庁に提出しなければならない（24条3項）。
②聴聞再開命令
行政庁は、聴聞の終結後に生じた事情にかんがみ必要があると認めるときは、主宰者に対し、提出された報告書を返戻して聴聞の再開を命ずることができる（25条）。
③不利益処分の決定
行政庁は、不利益処分の決定をするときは、調書の内容および報告書に記載された主宰者の意見を十分に参酌してこれをしなければならない（26条）。

☐☐☐ 聴聞の規定に基づく処分またはその不作為（例．聴聞において主宰者が当事者から行政庁の職員に対する質問を許可しなかった）については、審査請求をすることができない（27条）。

まとめの図表〈聴聞と弁明の機会の付与〉　　　〇：規定あり　×：規定なし

	聴　聞	弁明の機会の付与
通知方式	書面通知	書面通知
	名あて人所在不明の場合は公示送達の例による	
通知の際の教示	〇	×
審理方式の原則	口頭審理主義	書面審理主義
参加人	〇	×
代理人	〇	〇
補佐人	〇	×
文書閲覧請求	〇	×

聴聞、弁明の機会の付与のいずれの場合についても、当事者は代理人を選任することができる。　　　　　　　　　　　　　　　　　（R2-12肢1）

答　〇　代理人の選任は、聴聞、弁明の機会の付与いずれにおいても、できる。

2日目

行 政 法

行政手続法3
（意見公募手続）

究極のファイナルチェック⑮

直前フォーカス

令和6年の行政手続法からの出題は、5肢択一式で処分から2問（不利益処分、審査基準と処分基準）と行政指導から1問でした。今年は処分から2問と意見公募手続から1問といったパターンも想定して準備しておきましょう。意見公募手続からを題材とした問題は直近では令和3年に出題があります。

予想ポイント①　意見公募手続　　　　　　　　　　　　　　　　R3-11

意見公募手続に関する行政手続法の条文知識

□□□　命令等制定機関は、命令等を定めようとする場合には、当該命令等の案およびこれに関連する資料をあらかじめ公示し、意見の提出先および意見提出期間を定めて広く一般の意見を求めなければならない（39条1項）。

意見の提出　外国人：○　法人：○
意見提出期間　公示の日から起算して30日以上（39条3項）
※30日以上の意見提出期間を定めることができないやむを得ない理由があるときは、30日を下回る意見提出期間を定めることができるが、この場合においては、当該命令等の案の公示の際その理由を明らかにしなければならない（40条1項）。

□□□　公益上、緊急に命令等を定める必要があるため、意見公募手続を実施することが困難であるときは、意見公募手続の規定は適用しない（39条4項1号）。

□□□　納付すべき金銭について定める法律の制定または改正により必要となる当該金銭の額の算定の基礎となるべき金額および率ならびに算定方法についての命令等その他当該法律の施行に関し必要な事項を定める命令等を定めようとするときは、意見公募手続の規定は適用しない（39条4項2号）。

□□□　他の行政機関が意見公募手続を実施して定めた命令等と実質的に同一の命令等を定めようとするときは、意見公募手続の規定は適用しない（39条4項5号）。

□□□　命令等制定機関は、意見公募手続を実施して命令等を定めるに当たっては、必要に応じ、当該意見公募手続の実施について周知するよう努めるとともに、当該意見公募手続の実施に関連する情報の提供に努めるものとする（41条）。

□□□　命令等制定機関は、意見公募手続を実施して命令等を定める場合には、意見提出期間内に当該命令等制定機関に対し提出された当該命令等の案についての意見を十分に考慮しなければならない（42条）。

15 行政手続法3（意見公募手続）

まとめの図表〈法的義務規定と努力義務規定〉

行政手続法の出題では、条文の言い回しが義務的な表現となっているか努力的な表現となっているかを問うものも多く出題されるので、まとめておきましょう。

	義　務	努　力
申請に対する処分	・審査基準を定める（5条1項） ・審査基準を公にする（5条3項） ・標準処理期間を公にする（6条） ・審査を開始する（7条） ・拒否処分の理由を提示する（8条1項） ・遅延の防止（11条1項）	・標準処理期間を定める（6条） ・情報の提供（9条） ・公聴会の開催（10条） ・審査の促進（11条2項）
不利益処分	・意見陳述の機会の付与（13条1項） ・理由を提示する（14条1項）	・処分基準を定める（12条1項） ・処分基準を公にする（12条1項）
行政指導	・趣旨、内容、責任者を示す（35条1項） ・行政指導指針を定める（36条） ・行政指導指針を公表する（36条）	
命令等制定	・根拠法令に適合（38条1項） ・意見公募の手続を執る（39条1項） ・提出意見の考慮（42条） ・結果の公示（43条）	・検討を加え適正を確保（38条2項） ・実施の周知（41条） ・情報の提供（41条）

命令等制定機関は、定めようとする命令等が、他の行政機関が意見公募手続を実施して定めた命令等と実質的に同一の命令等であったとしても、自らが意見公募手続を実施しなければならない。　　　　　　　　（R3－11肢2）

答　×　この場合、命令等制定機関自らが意見公募手続を実施する必要はない。

行政法
行政不服審査法1（再調査の請求）

究極のファイナルチェック⑯ 2日目

直前フォーカス
行政不服審査法は、平成27年までは5肢択一式2問の出題でしたが、平成26年改正（平成28年4月1日施行）での出題がされるようになった平成28年からは3問の出題に増加しています。令和6年も3問の出題でしたが、この傾向は変わらないと考えられます。審査請求が出題の中心ですが、再調査の請求も出題可能性が高いテーマといえます。

予想ポイント①　再調査の請求　　　　　　　　　　　　　　R3-15、R4-14

再調査の請求の要件

□□□　**再調査の請求ができる場合**（5条1項）
　　再調査の請求の要件
　　　①行政庁の処分につき**処分庁以外の行政庁**に対して審査請求をすることができる
　　　②**法律**に再調査の請求をすることができる旨の定めがある
　　　③処分についてまだ審査請求を**していない**
　　再調査の請求の宛先
　　　処分庁自身に再調査の請求を行う
　　再調査の請求の対象
　　　処分：**なる**　　不作為：**ならない**

□□□　**再調査の請求期間**（54条1項・2項）
　　処分があったことを知った日の翌日から起算して**3か月**を経過したとき、または処分があった日の翌日から起算して1年を経過したときは、再調査の請求をすることができない（正当な理由があるときは除く）

□□□　**再調査の請求前置**（5条2項）
　　再調査の請求をしたときは、当該再調査の請求についての**決定**を経た後でなければ、審査請求をすることができない。
　　例外　次のいずれかに該当する場合、再調査の請求についての決定を経なくても審査請求をすることができる。
　　　①当該処分につき再調査の請求をした日の翌日から起算して**3か月**を経過しても、処分庁が当該再調査の請求につき決定をしない場合
　　　②再調査の請求についての決定を経ないことにつき**正当な理由**がある場合

16 行政不服審査法1（再調査の請求）

まとめの図表〈再調査の請求〉

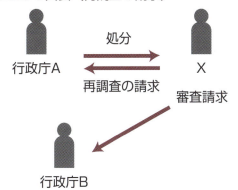

X：再調査の請求を選択
　→　再調査請求前置
　審査請求を選択
　→　再調査の請求はできない

再調査の請求で準用されている 審査請求の主な条文	再調査の請求では準用されていない 審査請求の主な条文
総代（11条） 代理人（12条） 参加人（13条） 標準審理期間（16条） 書面を提出（19条） 執行停止（25条） 口頭意見陳述の例外（31条） 裁決の効力発生時期（51条）	審理員による審理（9条1項） 行政不服審査会等への諮問（43条） 事情裁決（45条3項）

行政庁の処分につき処分庁以外の行政庁に対して審査請求をすることができる場合に審査請求を行ったときは、法律に再調査の請求ができる旨の規定がある場合でも、審査請求人は、当該処分について再調査の請求を行うことができない。
(R3-15肢1)

 ○　審査請求を行っている場合は、再調査の請求を行うことはできない。

行政法

行政不服審査法2（審査請求）

2日目 究極のファイナルチェック⑰

直前フォーカス
審査請求は、行政不服審査法における最重要テーマです。改正行政不服審査法が試験で出題されるようになった平成28年以降毎年出題されています。改正後も頻出テーマであることに変わりなく、今年の試験でも出題可能性の高いテーマです。

予想ポイント①　審査請求　　R2-14、R3-16、R4-15、R5-14・16、R6-14

誰が審査請求できるか、いつまでに審査請求すればよいか

- ☐☐☐ **審査請求できる人（2条、3条）**
  - 処　分：行政庁の処分に不服がある者
  - 不作為：法令に基づき行政庁に対して処分についての**申請**をした者
  - 補足　不作為とは、法令に基づく申請に対して何らの処分をもしないこと

- ☐☐☐ **総代（11条）**
  - 多数人が共同して審査請求をしようとするときは、3人を超えない総代を互選することが**できる**
  - →審査請求の取下げの権限：**なし**

- ☐☐☐ **代理人（12条）**
  - 審査請求は、代理人によってすることが**できる**
  - →審査請求の取下げの権限：**特別の委任を受けた場合に限り、あり**

- ☐☐☐ **審査請求期間（18条1項・2項）**
  - 処　分：処分があったことを知った日の翌日から起算して**3か月**を経過したとき、または処分があった日の翌日から起算して1年を経過したときは、審査請求をすることができない（正当な理由があるときは除く）
  - 不作為：期間制限**なし**

- ☐☐☐ **審理員**
  - 審理員の指名（9条1項）
    審査請求の審理は審理員によって行われ、**審査庁**は、審査庁に所属する職員のうちから審理手続を行う者（審理員）を指名する
  - 審理員名簿（17条）
    ・審理員となるべき者の名簿の作成：**努力**
    ・作成した名簿を公にしておくこと：**義務**

17 行政不服審査法2（審査請求）

まとめの図表〈審査請求の流れ〉

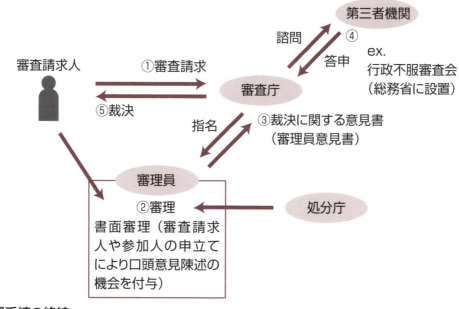

審理手続の終結

審理手続の終結	審理員は、必要な審理を終えたと認めるときは、審理手続を終結し、審理員が審理手続を終結したときは、速やかに、審理関係人に対し、審理手続を終結した旨ならびに審理員意見書および事件記録を審査庁に提出する予定時期を通知する
審理員意見書	審理員は、審理手続を終結したときは、遅滞なく、審査庁がすべき裁決に関する意見書（審理員意見書）を作成し、審理員意見書を作成したときは、速やかに、これを事件記録とともに、審査庁に提出する
行政不服審査会等への諮問	審査庁は、審理員意見書の提出を受けたときは、行政不服審査会等に諮問する
裁決	審査庁は、行政不服審査会等から諮問に対する答申を受けたときは、遅滞なく、裁決をする

審査請求は、審査請求人本人がこれをしなければならず、代理人によってすることはできない。　　　　　　　　　　　　　　　　（R6－14肢1）

答　×　審査請求は、代理人によってすることもできる。

行政不服審査法3（審査請求の裁決、教示）

行政法

直前フォーカス
裁決は、令和5年でも出題されていますが、引き続き出題可能性は高いテーマといえます。また、教示は、直近では令和4年に出題されていますが、教示事項や誤った教示の救済についてはチェックしておきましょう。

予想ポイント① 裁決　　　R2-16、R3-16、R5-14・15

裁決の種類

- ☐☐☐ **裁決の種類**
  - **却下**裁決：審査請求自体が不適法な場合（形式NG）
  - **棄却**裁決：審査請求に理由がない場合（形式OK　内容NG）
  - **認容**裁決：審査請求に理由がある場合（形式OK　内容OK）

- ☐☐☐ **不作為についての審査請求が理由がある場合**
  - ①審査庁が不作為庁の上級行政庁の場合（49条3項1号）
    …審査庁は、裁決で、当該不作為が違法または不当である旨を**宣言**し、当該不作為庁に対し、**当該処分をすべき**旨を命ずる措置をとる
  - ②審査庁が不作為庁自身である場合（49条3項2号）
    …審査庁は、裁決で、当該不作為が違法または不当である旨を**宣言**し、**当該処分をする**措置をとる

- ☐☐☐ 審査請求に係る処分が違法または不当ではあるが、これを取り消すことにより公の利益に著しい障害を生ずる場合、処分を取り消すことが公共の福祉に適合しないと認めるときは、審査庁は、裁決で、当該審査請求を**棄却**することができる（45条3項）。このような裁決を**事情裁決**という。

- ☐☐☐ 審査請求に対する審査庁の争訟裁断行為は**裁決**というが、再調査の請求に対する処分庁の争訟裁断行為は**決定**と呼ばれる。

予想ポイント② 教示　　　R4-16

何を教示するのか、誤った教示をしたときの処理

- ☐☐☐ 行政庁は、不服申立てをすることができる処分をする場合、処分の相手方に対し、①当該処分につき不服申立てをすることが**できる旨**、②不服申立てをすべき**行政庁**、③不服申立てをすることができる**期間**を書面で教示しなければならない（82条1項）。

18 行政不服審査法3（審査請求の裁決、教示）

教示の要否
・書面で処分をするとき：**必要**
・処分を口頭でするとき：**不要**

審査請求をすることができる処分につき、処分庁が誤って審査請求をすべき行政庁でない行政庁を審査請求をすべき行政庁として教示した場合、その教示された行政庁に書面で審査請求がされたときは、当該行政庁は、速やかに、審査請求書を処分庁または審査庁となるべき行政庁に**送付**し、かつ、その旨を審査請求人に**通知**しなければならない（22条1項）。

まとめの図表〈誤った教示の救済〉

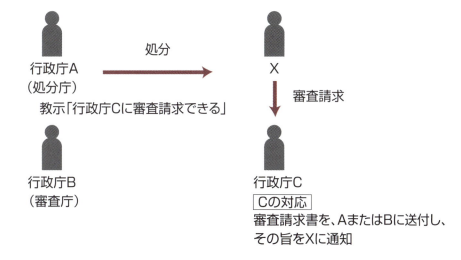

法律の規定「行政庁Aの処分に対し、行政庁Bに審査請求できる。」

行政庁A（処分庁）→処分→X
教示「行政庁Cに審査請求できる」
X→審査請求→行政庁C

行政庁B（審査庁）

Cの対応
審査請求書を、AまたはBに送付し、その旨をXに通知

Bに送付される
→最初からBに審査請求されていたものとみなす

処分についての審査請求が不適法である場合や、審査請求が理由がない場合には、審査庁は、裁決で当該審査請求を却下するが、このような裁決には理由を記載しなければならない。　　　　　　　　　　　　　（H28－16肢1）

答　×　審査請求が不適法である場合は却下だが、審査請求が理由がない場合は「棄却」。

行政事件訴訟法 1（取消訴訟の要件審理）

行政法

直前フォーカス

取消訴訟の要件審理は、処分性、原告適格、狭義の訴えの利益について判例タイプでの出題、被告適格、裁判管轄、出訴期間について条文タイプでの出題に注意が必要です。判例タイプでは、令和6年に狭義の訴えの利益に関する判例を題材とした問題が出題されました。引き続き注意すべきテーマといえます。

予想ポイント① 処分性　　　　　R3-26、R4-18、R5-19

処分性に関する判例

□□□　**処分取消訴訟の対象となる処分**
　　　公権力の主体たる国または公共団体が行う行為のうち、その行為によって、直接国民の権利義務を形成しまたはその範囲を確定することが法律上認められているもの（最判昭39.10.29）

　　　[処分性の有無]
　　　・告示によるみなし道路の一括指定：あり
　　　・都市計画法に基づく用途地域の指定：なし

予想ポイント② 法律上の利益　　R2-17、R3-19、R6-17

原告適格、狭義の訴えの利益に関する判例

□□□　**処分取消訴訟の原告適格**
　　　当該処分の取消しを求めるにつき法律上の利益を有する者（9条1項）

　　　[原告適格の有無]
　　　・定期航空運送事業免許処分に対し、飛行場の周辺住民で航空機の騒音により社会通念上著しい障害を受ける者：あり
　　　・風俗営業許可処分に対し、風俗営業制限地域内に居住する付近住民：なし

□□□　**処分取消訴訟の狭義の訴えの利益**
　　　処分を取り消すことによって現実に法律上の利益が回復される状態にあること

　　　[狭義の訴えの利益の有無]
　　　・建築確認処分の取消訴訟係属中に建築工事が完成：なし
　　　・公文書非公開決定取消訴訟において公文書が書証として提出された：あり

19 行政事件訴訟法1（取消訴訟の要件審理）

予想ポイント③ 被告適格　　　　　　　　　　　　　　　R3-18

誰を被告として取消訴訟をすればよいか

□□□　処分をした行政庁が国または公共団体に所属する場合は、当該処分をした行政庁の所属する**国または公共団体**を被告とする（11条1項）。
- 内閣総理大臣による処分：**国**を被告
- 県知事による処分：**県**を被告
- 市長による処分：**市**を被告

補足　処分をした行政庁が国または公共団体に所属しない場合は、取消訴訟は、当該行政庁自身を被告とする（11条2項）。

まとめの図表〈処分性の有無〉

肯定例	否定例
・建築基準法42条2項の**道路**とみなされる道を告示により一括指定（最判平14.1.7） ・地方公共団体の設置する**保育所**を廃止する条例を制定する行為（最判平21.11.26） ・弁済供託金取戻請求に対する供託官の却下処分（最判昭45.7.15） ・税関長の輸入禁制品である旨の通知（最判昭54.12.25) ・**土地区画整理事業計画**の決定（最大判平20.9.10） ・医療法の規定に基づく**病院開設中止勧告**（最判平17.7.15）	・国有財産法の普通財産の払下げ（最判昭35.7.12） ・交通反則金の納付通告（最判昭57.7.15） ・都市計画法に基づく**用途地域の指定**（最判昭57.4.22） ・建築許可に対する消防長の知事に対する同意（最判昭34.1.29） ・**通達**（最判昭43.12.24） ・地方公共団体が**ごみ焼却場**の建設のために締結した請負契約（最判昭39.10.29） ・公立小学校を廃止する条例（最判平14.4.25）

公立小学校を廃止する条例について、当該条例は一般的規範を定めるにすぎないものの、保護者には特定の小学校で教育を受けさせる権利が認められることから、その処分性が肯定される。　　　　　　　（R3-26肢ウ）

答　×　公立小学校を廃止する条例についての処分性は否定される。

行政事件訴訟法 2（取消訴訟の審理・判決）

行　政　法

直前フォーカス
令和6年は抗告訴訟における判決を題材とした問題、平成30年は許認可申請に対する処分についての取消訴訟の判決の効力を題材とした問題が出題されました。取消訴訟の審理・判決は、出題される可能性の高いテーマといえます。

予想ポイント①　執行停止　　　　　　　　　　　　　　　　　　　　R3-17

どのようなときに執行停止できるか

☐☐☐　行政庁から営業停止の処分を受けた者が取消訴訟を提起しても、それだけでは処分の効力は停止**しません**（執行不停止の原則、25条1項）。ただし、それでは訴訟の審理中営業できない状態のままであることから、原告の保護を考慮し、訴訟の審理中は処分の効力を停止しておくのが**執行停止**制度である（25条2項）。
　|執行停止の要件|
　　取消訴訟を提起しており、執行停止の**申立て**をすること
　　　　　　＋
　　処分等により生ずる**重大な**損害を避けるため緊急の必要があること
　　|補足|　公共の福祉に重大な影響を及ぼすおそれがあるとき、または本案について理由がないとみえるときは、執行停止することができない。

☐☐☐　執行停止の決定が確定した後に、その理由が消滅し、その他事情が変更したときは、裁判所は、相手方の申立てにより、決定をもって、執行停止の決定を取り消すことが**できる**（26条1項）。

☐☐☐　執行停止の申立てがあった場合、**内閣総理大臣**は、裁判所に対し、異議を述べることができ、執行停止の決定があった後においても同様である（27条1項）。この異議があったときは、裁判所は、執行停止をすることができず、また、すでに執行停止の決定をしているときは、これを取り消さなければならない（27条4項）。
　|比較して覚えよう！|
　・職権による執行停止
　　　行政不服審査法：**できる**※　行政事件訴訟法：**できない**
　　　※審査庁が処分庁自身または処分庁の上級行政庁の場合
　・内閣総理大臣の異議の制度
　　　行政不服審査法：**なし**　行政事件訴訟法：**あり**

20 行政事件訴訟法2（取消訴訟の審理・判決）

予想ポイント② 判決の効力

判決の種類、判決の効力

- **判決の種類**
  - **却下**判決：取消訴訟の要件が欠けており、訴訟自体が不適法な場合（形式NG）
  - **棄却**判決：原告の請求に理由がない場合（形式OK　内容NG）
  - **認容**判決：原告の請求に理由がある場合（形式OK　内容OK）

- 行政庁の裁量処分については、裁量権の範囲をこえまたはその濫用があった場合に限り、裁判所は、その処分を取り消すことが**できる**（30条）。

- 取消訴訟については、処分または裁決が違法ではあるが、これを取り消すことにより公の利益に著しい障害を生ずる場合、処分または裁決を取り消すことが公共の福祉に適合しないと認めるときは、裁判所は、請求を**棄却**することができる（31条1項）。
  - 補足　この場合、当該判決の**主文**において、処分または裁決が違法であることを宣言しなければならない。

まとめの図表〈判決の効力（処分取消訴訟の場合）〉

拘束力	処分をした行政庁その他の関係行政庁は、取消判決に**拘束され**、判決の趣旨に反する処分をすることはできなくなる効力 →申請を却下しもしくは棄却した処分が判決により取り消されたときは、その処分をした行政庁は、判決の趣旨に従い、改めて申請に対する処分をしなければならない
形成力	取消判決によって、処分の効力は、行政庁が取り消すまでもなく、**はじめからなかった**ことになる効力
第三者効	処分を取り消す判決は、第三者に対しても効力を**有する**
既判力	紛争の蒸し返しを防ぐため、判決が確定すると、当事者および裁判所を拘束し、同一事項について確定判決と矛盾する主張・判断を後の訴訟においてすることが**できなくなる**効力 →認容判決だけでなく、棄却判決にも認められる

申請を認める処分についての取消請求を棄却する判決は、処分をした行政庁その他の関係行政庁への拘束力を有さない。　　　　（H30−17肢2）

答　○　判決の拘束力は認容判決（取消判決）の場合に生じるものであり、棄却判決には生じない。

行政事件訴訟法 3（取消訴訟以外の訴訟）

直前フォーカス

取消訴訟以外の抗告訴訟には、無効等確認訴訟、不作為の違法確認訴訟、義務付け訴訟、差止め訴訟があり、そのほかに当事者訴訟、民衆訴訟、機関訴訟といった訴訟類型もあります。令和6年は、5肢択一式で民衆訴訟・機関訴訟に関する出題が、多肢選択式で当事者訴訟に関する出題がされています。今年も引き続き取消訴訟以外の訴訟類型にも注意が必要です。

予想ポイント① 無効等確認訴訟　　R2-44、R3-17、R4-19、R5-18

原告適格、準用条文の知識

- □□□　無効等確認の訴えは、当該処分または裁決に続く処分により損害を受けるおそれのある者その他当該処分または裁決の無効等の確認を求めるにつき法律上の利益を有する者で、当該処分もしくは裁決の存否またはその効力の有無を前提とする現在の法律関係に関する訴えによって目的を達することができないものに限り、提起することができる（36条）。

- □□□　無効な土地収用裁決を受けた者が、土地の所有権を争う場合、所有権確認訴訟という民事訴訟で争えるので、無効確認訴訟は提起できない。このような民事訴訟のことは争点訴訟と呼ばれている。

- □□□　取消訴訟の規定の無効等確認訴訟への準用（38条）
  →執行停止の規定や判決の拘束力の規定などは無効等確認訴訟にも準用されるが、一方、審査請求前置の規定、出訴期間の規定、事情判決の規定などは無効等確認訴訟には準用されない。

準用される条文
10条2項（原処分主義）、11条（被告適格）、12条（裁判管轄）、13条（移送）、16条（訴えの併合）、17条（共同訴訟）、18条（第三者による追加的併合）、19条（原告による追加的併合）、20条（原告による追加的併合の特則）、21条（訴えの変更）、22条（第三者の訴訟参加）、23条（行政庁の訴訟参加）、23条の2（釈明処分の特則）、24条（職権証拠調べ）、25条～29条・32条2項（執行停止）、33条（判決の拘束力）、35条（訴訟費用の裁判）

21 行政事件訴訟法3（取消訴訟以外の訴訟）

予想ポイント②　当事者訴訟　　　　　　　　　　　　　　　　R6-43

当事者訴訟の定義と具体例

□□□　当事者訴訟とは、当事者間の法律関係を確認しまたは形成する処分または裁決に関する訴訟で法令の規定によりその法律関係の当事者の一方を被告とするものおよび公法上の法律関係に関する確認の訴えその他の公法上の法律関係に関する訴訟のことをいう（4条）。前者は**形式的当事者訴訟**、後者は**実質的当事者訴訟**と呼ばれる。

例　土地収用法による土地収用に伴う補償金の増額を求めて争う訴訟
　　　：**形式的**当事者訴訟
　　自分に選挙権があることを確認する訴訟
　　　：**実質的**当事者訴訟
　　自分の国籍が日本国籍であることを確認する訴訟
　　　：**実質的**当事者訴訟
　　憲法29条3項に基づいて損失補償を請求する訴訟
　　　：**実質的**当事者訴訟

まとめの図表〈仮の権利保護〉

	執行停止	仮の義務付け	仮の差止め
訴訟の提起	取消訴訟、無効等確認訴訟	義務付け訴訟	差止め訴訟
申立ての要否	必要		
損害の程度	**重大な**損害を避ける緊急の必要	**償うことができない**損害を避ける緊急の必要	
本案の要件	理由がないとみえるときはできない	理由があるとみえるときにできる	
公共の福祉の要件	公共の福祉に重大な影響を及ぼすおそれがあるときは、することができない		
内閣総理大臣の異議	あり		

無効確認訴訟は、処分の取消訴訟につき審査請求の前置が要件とされている場合においても、審査請求に対する裁決を経ずにこれを提起することができる。
（R4-19肢3）

　　答　○　審査請求前置の規定は無効等確認訴訟には準用されていないので、審査請求に対する裁決を経ずに提起することができる。

行政法

国家賠償法

直前フォーカス

例年、国家賠償関連では5肢択一式2問の出題ですが、年度によって国家賠償法2問のときもあれば、国家賠償法1問と損失補償1問のときもあります。令和6年は国家賠償法で2問のパターンでしたが、令和元年は国家賠償法1問と損失補償1問のパターンでした。

予想ポイント① 公務員の不法行為　　R2-20・21、R3-21、R4-20、R6-20・21

国家賠償法1条に基づく国家賠償請求の要件や代表的な判例

☐☐☐ 国または公共団体の公権力の行使に当たる公務員が、その職務を行うについて、故意または過失によって違法に他人に損害を加えたときは、**国または公共団体**が賠償責任を負う（1条1項）。
→公権力の行使に当たる公務員の行為といえるか？
・国公立学校の教師の教育活動：**いえる**
・国公立病院における医師の診療行為などの私経済作用：**いえない**
・国会議員の立法行為や裁判官の裁判：**いえる**
・指定確認検査機関の建築確認処分：**いえる**
・社会福祉法人の設置運営する児童養護施設に入所した児童に対する当該施設の職員等による養育監護行為：**いえる**

☐☐☐ 国家賠償責任を負うのは国または公共団体であり、加害公務員自身は被害者に対し国家賠償責任を**負わない**。

☐☐☐ 公務員が主観的に権限行使の意思をもってするときに限らず、自己の利をはかる意図をもってするときでも、客観的に**職務執行の外形**をそなえる行為によって他人に損害を加えた場合には、国または公共団体が損害賠償責任を負う（最判昭31.11.30）。

予想ポイント② 公の営造物の設置・管理の瑕疵　　R4-21、R5-20

国家賠償法2条に基づく賠償責任の有無

☐☐☐ 道路、河川その他の公の営造物の設置または管理に瑕疵があったために他人に損害を生じたときは、国または公共団体が賠償責任を負う（2条1項）。国家賠償法2条に基づく国または公共団体の責任は**無過失責任**である。

22 国家賠償法

国家賠償責任の有無
- 道路に防護柵を設置するのに予算措置に困却する場合
  ：免責されない
- 通常の用法に即しない被害者側の異常な行動により損害が生じた場合
  ：免責される

予想ポイント③ 民法との関係 R3-20

国家賠償法4条の条文知識

□□□ 国または公共団体の損害賠償の責任については、国家賠償法1条～3条に規定されていないところは民法の規定による（4条）。

補足 国家賠償法4条の「民法」には、失火責任法など民法の特則を定めた法律も含まれる。

まとめの図表〈国家賠償と公務員に対する求償〉

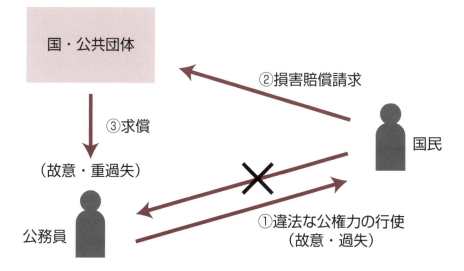

公権力の行使に当たる国または公共団体の公務員が、その職務を行うについて、過失によって違法に他人に損害を加えた場合には、国または公共団体がその被害者に対して賠償責任を負うが、故意または重過失の場合には、公務員個人が被害者に対して直接に賠償責任を負う。　　　　（R6-21肢2）

答　× 公務員個人は被害者に対して直接賠償責任を負わない。

損失補償

> **直前フォーカス**
> 特定の公益事業の用に供するために私人の特定の財産権を強制的に取得したり消滅させたりすることを公用収用といい、これについて定めた代表的な法律として土地収用法が存在します。直近では令和6年に多肢選択式で出題があります。

予想ポイント①　損失補償の要否　　　　　　　　　　　　　R6-42

補償の要否に関する判例知識

- □□□　都市計画法に基づく長期の土地利用制限について、当然に受忍すべきものとされる制限の範囲を超えて特別の犠牲を課せられたものということが困難であり、憲法29条3項を根拠とする損失補償は**不要**（最判平17.11.1）。

- □□□　条例によるため池の堤とうの使用制限は、災害防止のためのやむを得ないものであり、ため池の堤とうを使用し得る財産権を有する者に対する憲法29条3項を根拠とする損失補償は**不要**（最大判昭38.6.26）。

- □□□　道路工事の施行の結果、警察違反の状態を生じ、危険物保有者が基準に適合するように工作物の移転を余儀なくされた場合、道路法に基づく損失補償は**不要**（最判昭58.2.18）。

- □□□　都有行政財産である土地について建物所有を目的とし期間の定めなくされた使用許可が当該行政財産本来の用途または目的上の必要に基づき将来に向かって取り消された場合、土地使用権喪失についての補償は**不要**（最判昭49.2.5）。

- □□□　貝塚、古戦場、関跡などにみられるような、主としてそれによって国の歴史を理解し往時の生活・文化等を知り得るという意味での歴史的・学術的な価値は、特段の事情のない限り、当該土地の不動産としての経済的・財産的価値を何ら高めるものではなく、その市場価格の形成に影響を与えることはないというべきであって、このような意味での文化財的価値なるものは、それ自体経済的評価になじまないものとして、土地収用法に基づく損失補償は**不要**（最判昭63.1.21）。

23 損失補償

予想ポイント② 土地収用法

土地収用法の条文知識

- □□□ 土地を収用し、または使用することによって土地所有者および関係人が受ける損失は、起業者が補償しなければならない（68条）。

- □□□ 損失の補償は、土地所有者および関係人に、各人別にしなければならないが、各人別に見積ることが困難であるときは、この限りでない（69条）。

- □□□ 損失の補償は、金銭をもってするものとされているが、替地の提供その他補償の方法について、土地収用法の規定により収用委員会の裁決があった場合は、この限りでない（70条）。

- □□□ 収用委員会の裁決のうち損失の補償に関する訴えは、これを提起した者が起業者であるときは土地所有者または関係人を、土地所有者または関係人であるときは起業者を、それぞれ被告としなければならない（133条3項）。

まとめの図表〈収用委員会の裁決と損失補償の訴え〉

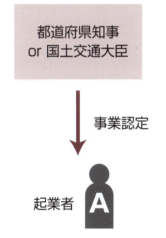

補償金の額に不服があり、増額を求めて訴訟を起こす場合
→Aを被告として補償金の増額を求める訴訟
※行政事件訴訟法でいう形式的当事者訴訟にあたる

土地を収用することによって土地所有者が受ける損失は、当該道路を設置する起業者に代わり、収用裁決を行った収用委員会が所属する都道府県がこれを補償しなければならない。　　　　　　　　　　　　　　　　（H30－21肢1）

答　× 　補償をするのは、都道府県ではなく、起業者。

3日目

究極の **ファイナル チェック㉔**

行政法

地方自治法１ （地方公共団体）

直前フォーカス

地方公共団体は、令和６年に普通地方公共団体の事務を、平成30年や平成27年に特別区を題材とした問題が出題されています。今年は普通地方公共団体絡みでは大都市の特例、特別地方公共団体絡みでは地方公共団体の組合の出題に備えておきましょう。

予想ポイント① 特別地方公共団体

特別区と地方公共団体の組合

□□□ **特別区**は、都に置かれる区のことをいう。なお、平成24年には、道府県においても特別区の設置を許容する「大都市地域における特別区の設置に関する法律」が制定されている。

□□□ **地方公共団体の組合**は、２つ以上の普通地方公共団体や特別区がその事務を共同で処理するために設ける複合的な地方公共団体のことをいう。事務の一部を共同処理するための**一部事務組合**と、広域的に実施されるべき事務を処理するための**広域連合**がある。

補足 従来は地方公共団体の組合は４種類であった。平成23年改正により、全部事務組合と役場事務組合は削除されたため、**一部事務組合**、**広域連合**の２種類となった。

	一部事務組合	広域連合
構成団体	都道府県、市町村、特別区 ※複合的一部事務組合は市町村と特別区のみ	都道府県、市町村、特別区
権限委譲	規定なし	国・都道府県から広域連合に事務を処理させる：できる 広域連合の長からの事務の委任の要請：できる
設立	許可制（都道府県が加入するものは総務大臣、その他のものは都道府県知事）	許可制（都道府県が加入するものは総務大臣、その他のものは都道府県知事）
直接請求制度	規定なし	あり
条例の制定	できる	できる

24 地方自治法1（地方公共団体）

予想ポイント② 地方公共団体の事務　　　R2-23、R5-24、R6-22

自治事務と法定受託事務の相違

□□□　地方公共団体の事務には、**自治事務**と**法定受託事務**の2種類がある。
　　補足　法定受託事務については2条9項で1号と2号に分けて定義規定が置かれ、自治事務については2条8項で法定受託事務以外のものと定義している。

まとめの図表〈自治事務と法定受託事務〉

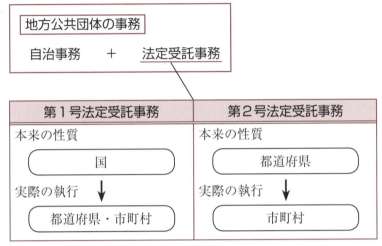

	自治事務	法定受託事務
条例の制定	できる	できる
議会の議決事件として追加	できる	できる
事務監査請求の対象	なる	なる
条例制定改廃請求の対象	なる	なる
国地方係争処理委員会による違法性審査	できる	できる
国地方係争処理委員会による不当性審査	できる	できない

※ 国地方係争処理委員会：国の関与に対する不服がある場合に審査の申立先となる機関

都道府県は、自治事務については条例を制定することができるが、法定受託事務については条例を制定することができない。　　　（H30-24肢1）

答　×　自治事務のほか法定受託事務についても条例を制定できる。

行政法
地方自治法 2（住民監査請求・住民訴訟）

直前フォーカス
住民監査請求・住民訴訟は、地方自治法における最重要テーマです。令和6年にも出題されていますが、引き続き今年の出題可能性は高いテーマといえます。

予想ポイント①　住民監査請求　　R2-24、R4-23・26、R6-23

誰が住民監査請求できるか

□□□　普通地方公共団体の**住民**は、当該普通地方公共団体の執行機関や職員について、違法または不当な公金の支出や公金の賦課徴収を怠る事実等があると認めるときは、監査委員に対し、監査を求め、当該行為の防止・是正や当該怠る事実を改めることなどを請求することができる（242条1項）。
　[請求権者]
　・単独で請求：**できる**
　・外国人が請求：**できる**

予想ポイント②　住民訴訟　　R2-24、R4-23、R6-23

誰が住民訴訟を提起できるか、どのような訴訟類型があるか

□□□　**住民監査請求をした住民**は、監査の結果に不服があれば、住民訴訟を提起することができる（242条の2第1項）。

□□□　住民訴訟の4類型（242条の2第1項）
　①当該執行機関または職員に対する当該行為の全部または一部の**差止め**の請求
　②行政処分たる当該行為の**取消し**または**無効確認**の請求
　③当該執行機関または職員に対する当該**怠る事実の違法確認**の請求
　④当該職員または当該行為もしくは怠る事実に係る相手方に損害賠償または不当利得返還の請求をすることを当該普通地方公共団体の執行機関または職員に対して**求める**請求
　[補足]　①の訴訟は、当該行為を差し止めることによって人の生命または身体に対する重大な危害の発生の防止その他公共の福祉を著しく阻害するおそれがあるときは、することが**できない**（242条の2第6項）。
　④の訴訟が提起された場合、当該職員または当該行為もしくは怠る事実の相手方に対して、当該普通地方公共団体の執行機関または職員は、遅滞なく、その**訴訟の告知**をしなければならない（242条の2第7項）。

25 地方自治法2（住民監査請求・住民訴訟）

- □□□ すでに住民訴訟が係属しているときは、当該普通地方公共団体の他の住民は、別訴をもって同一の請求をすることが**できない**（242条の2第4項）。

- □□□ 住民訴訟は、当該普通地方公共団体の事務所の所在地を管轄する**地方裁判所**の管轄に専属する（242条の2第5項）。

- □□□ 住民訴訟を提起した者が勝訴した場合、弁護士または弁護士法人に報酬を支払うべきときは、当該普通地方公共団体に対し、その報酬額の範囲内で相当と認められる額の支払を請求することが**できる**（242条の2第12項）。

- □□□ 適法な住民監査請求を監査委員が不適法却下しても、その請求を行った住民は、適法な住民監査請求を前置したものとして住民訴訟を提起することも、再度住民監査請求をすることも**認められる**（最判平10.12.18）。

- □□□ 普通地方公共団体が随意契約の制限に関する法令に違反して締結した契約は、当該契約を無効としなければ随意契約の締結に制限を加える法令の趣旨を没却する結果となる特段の事情が認められる場合に限り、私法上無効となる。契約が無効といえない場合には、住民訴訟に基づいて当該契約の履行行為の差止めを請求することは**できない**（最判昭62.5.19）。

まとめの図表〈住民監査請求と事務監査請求〉

	住民監査請求	事務監査請求
請求主体	住民 単独：できる 外国人：できる	有権者の50分の1以上の連署 単独：できない 外国人：できない
請求対象	違法または不当な財務会計上の行為・怠る事実 自治事務：なる 法定受託事務：なる	事務全般 自治事務：なる 法定受託事務：なる
請求先	監査委員	監査委員
期間制限	あり※	なし
住民訴訟	できる	できない

※違法または不当な財務会計上の行為に対する住民監査請求は、正当な理由があるときを除き、当該行為のあった日または終わった日から1年を経過したときは、することができない（242条2項）。

住民監査請求をする権利は、日本国籍を有する住民にのみ認められている。
（R4-26肢2）

答　×　住民であればよく、日本国籍を有することは要件ではない。

行政法 地方自治法3（条例・規則）

直前フォーカス

条例・規則は、直近では令和6年に出題されています。住民監査請求・住民訴訟に次ぐ地方自治法の重要テーマです。総合問題の肢の一つにもなりやすく、今年も引き続き出題可能性の高いテーマといえます。なお、令和5年には直接請求の問題として条例制定改廃請求について問うものがありました。

予想ポイント①　条例・規則　　　　　　　　　　　R3-23、R4-22、R6-24

条例・規則に刑罰を設けることができるか

- □□□　普通地方公共団体は、法令に特別の定めがあるものを除くほか、その条例中に、条例に違反した者に対し、2年以下の懲役若しくは禁錮、100万円以下の罰金、拘留、科料若しくは没収の刑または5万円以下の過料を科する旨の規定を設けることができる（14条3項）。

    条例
    　刑罰を科す：できる
    　過料を科す：できる

- □□□　普通地方公共団体の長は、法令に特別の定めがあるものを除くほか、普通地方公共団体の規則中に、規則に違反した者に対し、5万円以下の過料を科する旨の規定を設けることができる（15条2項）。

    規則
    　刑罰を科す：できない
    　過料を科す：できる

- □□□　普通地方公共団体の議会の議員および長の選挙権を有する者は、その総数の50分の1以上の者の連署をもって、その代表者から、普通地方公共団体の長に対し、条例の制定・改廃の請求をすることができる（74条1項）。

    補足　地方税の賦課徴収、分担金、使用料、手数料の徴収に関するものを除く。条例を制定・改廃するかどうかは議会で決める。

- □□□　普通地方公共団体は、法律またはこれに基づく政令に特別の定めがあるものを除くほか、公の施設の設置・管理に関する事項は、条例でこれを定めなければならない（244条の2第1項）。

26 地方自治法3（条例・規則）

予想ポイント②　議会、議会と長の関係　　　R3-24

> 議会関連の事項について条例制定事項かどうか、条例を制定するときの再議制度

☐☐☐　町村は、条例で、議会を置かず、選挙権を有する者の総会を設けることが**できる**（94条）。

法律制定事項	条例制定事項
・議会の設置（89条） ・議員の任期（93条） ・長が議会を招集する（101条1項）	・**町村総会**の設置（94条） ・議員の**定数**（90条1項、91条1項） ・定例会の回数（102条2項） ・通年の会期の実施（102条の2） ・議会に**委員会**を設置（109条1項）

☐☐☐　長が、条例の制定改廃に関する議会の議決に異議があるときは、理由を示して、再議に付すことが**できる**（176条1項）。

まとめの図表〈再議制度（拒否権）〉

	行使できる場合	再議に付すこと 義務 or 任意	再度同じ議決になった 場合の処理
一般的 拒否権	条例の制定・改廃、予算に関する議会の議決	任意	議会の議決が確定する（再議決には出席議員の3分の2以上の同意が必要）
	その他の議決		議会の議決が確定する
特別的 拒否権	議会の議決・選挙が、議会の権限を越え、または法令・会議規則に違反	義務	21日以内に都道府県知事は総務大臣へ、市町村長は都道府県知事へ**審査の申立て**をして裁定を求められ、その裁定に不服があれば、60日以内に裁判所へ**出訴**できる
	義務費の削除・減額の議決	義務	義務費を予算に計上して支出**できる**（原案通りに執行）
	非常費の削除・減額の議決	義務	その議決を自らへの不信任議決とみなすことが**できる**

普通地方公共団体の長は、その権限に属する事務に関し、規則を制定し、それに違反した者について、罰金などの刑罰の規定を設けることができる。
（H30－23肢イ）

答　×　規則に刑罰の規定を設けることはできない。

民法
能力

直前フォーカス

制限行為能力者に関する問題は、直近では令和2年に出題があります。記述式でも催告を題材として平成30年に出題されたことがあります。また、令和6年は失踪宣告に関する出題がありました。総則における重要テーマの一つですので、しっかり準備しておきましょう。法改正（令和4年4月1日施行）により成年年齢のルールが変わっていることにも注意です。

予想ポイント① 行為能力　　　　　　　　　　　　　　　　　　　R2-27

未成年者・成年被後見人・被保佐人・被補助人のルール、催告（20条）および詐術（21条）のルール

- □□□ 年齢18歳をもって、成年とする（4条）。
  　法改正（令和4年4月1日施行）
  　成年年齢が20歳から18歳に引き下げられたことに伴い、下記の点も改正
  　・婚姻適齢は男女とも18歳に変更（731条）
  　・未成年者の婚姻についての父母の同意制度は削除（旧737条）
  　・未成年者の婚姻による成年擬制制度は削除（旧753条）
  　・養親となる要件を20歳に達した者に変更（792条、804条）

- □□□ 成年被後見人が成年後見人の同意を得て行った法律行為でも取消しの対象となる。

- □□□ 成年被後見人の法律行為は取り消すことができるが、日用品の購入その他日常生活に関する行為については取消しの対象とならない（9条）。

- □□□ 家庭裁判所が本人以外の者の請求によって補助開始の審判をするには、本人の同意が必要（17条2項）。

比較して覚えよう！ 家庭裁判所の審判と本人の同意

本人以外の申立てによる場合、本人の同意の要否	開始の審判	代理権付与の審判
被保佐人	不要	必要
被補助人	必要	必要

- □□□ 制限行為能力者が行為能力者であることを信じさせるため詐術を用いたときは、その行為を取り消すことができない（21条）。

27 能　力

> **比較して覚えよう！**
> ・制限行為能力者であることを黙秘することにより、他の言動などと相まって、相手方を誤信させまたは誤信を強めたものと認められるときは「詐術」にあたるが、単に黙秘していただけのときは「詐術」にあたらない（最判昭44.2.13）。

予想ポイント②　胎児

胎児の例外と代理行使の可否

□□□　胎児は、①不法行為損害賠償請求権（721条）、相続を受ける権利（886条1項）、遺贈を受ける権利（965条）については、その子が生きて生まれたときは胎児の時にさかのぼって権利能力が認められる。そのため、まだ胎児の段階において、親が胎児を代理することはできない。

予想ポイント③　失踪宣告　　　　　　　　　　　　　　　　　　R3-27、R6-27

失踪宣告の仕組み

□□□　不在者の生死が7年間明らかでないときは、家庭裁判所は、利害関係人の請求により、失踪の宣告をすることができる（30条1項）。この場合、その期間が満了した時に死亡したものとみなされる（31条）。

まとめの図表〈催告に対して確答がない場合の効果〉

○：追認みなし、▲：取消しみなし、×：効果なし

		未成年者	成年被後見人	被保佐人	被補助人
行為能力者となった後	本人に対して	○	○	○	○
制限行為能力者のまま	保護者に対して	○	○	○	○
	本人に対して	×	×	▲	▲

制限行為能力者が、相手方に制限行為能力者であることを黙秘して法律行為を行った場合であっても、それが他の言動と相まって相手方を誤信させ、または誤信を強めたものと認められるときは、詐術にあたる。（R2-27肢5）

　○　黙秘でも他の言動と相まって相手方を誤信させまたは誤信を強めたものと認められるときは、詐術にあたる。

民法

意思表示

直前フォーカス

意思表示は、直近では令和4年に虚偽表示（94条）に関する出題があり、令和2年に詐欺（96条）を題材として記述式での出題もありました。民法改正（令和2年4月1日施行）によりルールが変わっているテーマでもあり、今年の試験でも出題可能性は高いといえます。特に、錯誤（95条）と詐欺・強迫（96条）に注意しましょう。

予想ポイント① 錯誤

錯誤取消しのルール、第三者が登場した場合の処理

- ☐☐☐ 表意者が法律行為の基礎とした事情についてのその認識が真実に反する錯誤（動機の錯誤）を理由とする取消しは、その事情が法律行為の基礎とされていることが**表示**されていたときに限り、することができる（95条2項）。

- ☐☐☐ 錯誤が表意者の**重大な過失**による場合、①相手方が表意者に錯誤があることを知り、または重大な過失によって知らなかったとき、②相手方が表意者と同一の錯誤に陥っていたときを除き、取り消すことは**できない**（95条3項）。

- ☐☐☐ 錯誤取消しは、善意無過失の第三者に対抗することが**できない**（95条4項）。

予想ポイント② 詐欺・強迫

R2-45

第三者が登場した場合における詐欺と強迫の相違

(1) 第三者による詐欺（96条2項）

第三者による詐欺	第三者による強迫
②売買 A→B ①だます C→A ③取消し B→A Bが悪意または過失ありのときのみ、A：取消しOK	②売買 A→B ①強迫 C→A ③取消し B→A Bの善意悪意や過失の有無にかかわらず、A：取消しOK

28 意思表示

(2)詐欺取消しと第三者（96条3項）

詐欺取消前の第三者	強迫取消前の第三者
A ①売買 → B ②売買 → C（土地） ③取消し C：善意無過失であれば、保護される	A ①売買 → B ②売買 → C（土地） ③取消し C：善意悪意や過失の有無にかかわらず、保護されない

□□□　詐欺取消前の第三者が保護されるには**善意無過失**であればよく、第三者が登記を備えているかどうかは関係ない。

まとめの図表〈不動産物権変動と第三者〉

	取消し前の第三者に対して	取消し後の第三者に対して
詐欺取消し	登記の有無にかかわらず、**善意無過失**の第三者に対抗することはできない	第三者よりも先に**登記**を備えておけば、所有権の復帰を第三者に対抗できる
強迫取消し	登記の有無、第三者の善意悪意や過失の有無にかかわらず、第三者に対抗することができる	第三者よりも先に**登記**を備えておけば、所有権の復帰を第三者に対抗できる

（Aが自己所有の甲土地をBに売却する旨の契約（以下、「本件売買契約」という。）が締結された場合）
　AがDの強迫によって本件売買契約を締結した場合、この事実をBが知らず、かつ知らなかったことにつき過失がなかったときは、AはDの強迫を理由として本件売買契約を取り消すことができない。　　　　　　（H26－28肢3）

答　×　Dによる強迫の場合、Aは、Bが善意無過失であっても、取消しできる。

4日目

究極の
ファイナル
チェック㉙

民　法

代　理

直前フォーカス

　代理は、総則における重要テーマの一つです。直近では令和4年に記述式で出題されています。引き続き出題可能性の高いテーマといえます。特に、無権代理の法律関係に注意が必要です。

予想ポイント① 無権代理
R4-45

無権代理人と相続の事例の処理

□□□　無権代理人が本人を単独で相続すると無権代理行為は有効となるが、本人が死亡前に追認拒絶していた場合は、無権代理人が追認拒絶の効果を主張できる（最判平10.7.17）。

□□□　無権代理人が本人を他の共同相続人とともに共同相続した場合、他の共同相続人が全員追認すれば無権代理行為は有効となるが、1人でも追認拒絶すれば無権代理行為は有効とならない（最判平5.1.21）。

□□□　本人が無権代理人を相続したとしても、本人の立場で追認拒絶できる（最判昭37.4.20）。

　補足　無権代理人を相続している以上、相手方から、無権代理人の責任（117条）を追及されることはあり得る。

予想ポイント② 表見代理

表見代理の成立要件

□□□　代理人がその権限外の行為をした場合において、第三者が代理人の権限があると信ずべき正当な理由があるときは、本人は、代理人が第三者との間でした権限外の行為について、その責任を負う（110条）。

　基本代理権の付与といえるか
　・私法上の法律行為：いえる
　・勧誘行為など法律行為とはいえない場合：いえない
　・単なる公法上の行為：いえない
　・登記申請行為のような公法上の行為でも私法上の義務の履行のためのものといえる場合：いえる

□□□　表見代理が成立する場合でも、相手方は、無権代理人の責任を追及することができ、この場合、無権代理人は、表見代理の成立を抗弁として、その責任を免れることはできない。

29 代理

まとめの図表〈無権代理人の相手方のできること〉

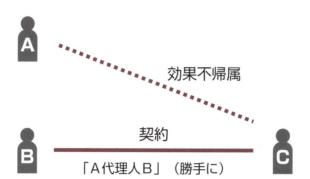

① Aに催告（114条）
　相当の期間を定め、期間内に追認をするかどうかを確答すべき旨の催告することができる。この場合、本人がその期間内に確答をしないときは、追認を拒絶したものとみなされる。
② 契約の取消し（115条）
　善意であれば、Aが追認をしない間は、契約の取消しを主張できる。
③ Bに対する責任追及（117条）
　Bが代理権を証明できず、Aが追認しておらず、Bが行為能力者である場合、善意無過失のCは、Bに対して履行または損害賠償の請求ができる（※Cに過失があるときでも、Bが自分に代理権がないことを知っていたときは責任追及は可能）。
④ 表見代理（109条1項、110条、112条1項）
　表見代理が成立する場合は、Cは、Aに対して契約が有効であることを主張できる。

無権代理行為につき、相手方が本人に対し、相当の期間を定めてその期間内に追認するかどうかを確答すべき旨の催告を行った場合において、本人が確答をしないときは、追認を拒絶したものとみなされる。　　　（R元−28肢2）

答　〇　本人が確答しないときは追認拒絶とみなされます。

4日目 究極のファイナルチェック❸⓪

民 法

時 効

直前フォーカス

時効制度は、総則における重要テーマの一つです。直近では令和5年に出題がありました。今年も引き続き出題可能性の高いテーマといえます。改正（令和2年4月1日施行）関連の知識を中心におさえておきましょう。

予想ポイント①　消滅時効　　　　　　　　　　　　　　　　　　　　R5-27

> 消滅時効に必要な期間

□□□　債権は、債権者が権利を行使することができることを知った時から**5年間**行使しないときは、時効によって消滅する（166条1項1号）。

□□□　債権は、権利を行使することができる時から**10年間**行使しないときは、時効によって消滅する（166条1項2号）。

　　　補足　人の生命または身体の侵害による損害賠償請求権の消滅時効については、10年間ではなく、**20年間**とする（167条）。

予想ポイント②　時効の援用

> 時効の援用をできる者とできない者

□□□　時効は、当事者（消滅時効にあっては、保証人、物上保証人、第三取得者その他権利の消滅について正当な利益を有する者を含む）が援用しなければ、裁判所がこれによって裁判をすることができない（145条）。

援用できる	援用できない
・保証人、連帯保証人、物上保証人（被担保債権の消滅時効について） ・抵当不動産の第三取得者（被担保債権の消滅時効について） ・詐害行為の受益者（被保全債権の消滅時効について）	・後順位抵当権者（先順位抵当権者の被担保債権の消滅時効について） ・建物賃借人（建物賃貸人の敷地に対する所有権の取得時効について）

68

30 時効

予想ポイント③ 時効の完成猶予・更新

時効の完成猶予事由と更新事由の整理

- □□□ 裁判上の請求がある場合には、その事由が終了する（確定判決または確定判決と同一の効力を有するものによって権利が確定することなくその事由が終了した場合にあっては、その終了の時から6か月を経過する）までの間は、時効は、完成しない（147条1項1号）。

- □□□ 時効は、権利の承認があったときは、その時から新たにその進行を始める（152条1項）。

- □□□ 催告があったときは、その時から6か月を経過するまでの間は、時効は、完成しない（150条1項）。
  - 補足　催告によって時効の完成が猶予されている間にされた再度の催告は時効の完成猶予の効力を有しない（150条2項）。

- □□□ 権利についての協議を行う旨の合意が書面でされたときは、①合意があった時から1年を経過した時、②その合意において当事者が協議を行う期間（1年に満たないものに限る）を定めたときはその期間を経過した時、③当事者の一方から相手方に対して協議の続行を拒絶する旨の通知が書面でされたときはその通知の時から6か月を経過した時のいずれか早い時までの間は、時効は完成しない（151条1項）。
  - 補足　合意によって時効の完成が猶予されている間にされた再度の合意は、時効の完成猶予の効力を有する（151条2項本文）。

まとめの図表〈裁判上の請求と時効の完成猶予・更新〉

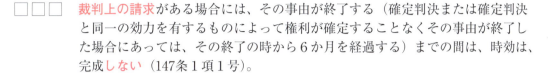

この過去問に注意

人の生命又は身体の侵害による損害賠償請求権は、その権利について行使することができることを知らない場合でも、その債権を行使できる時から20年間行使しないときには、時効によって消滅する。　　　　　　（R5－27肢3）

答　○　人の生命・身体の場合なので、債権を行使できる時から20年間で時効によって消滅する。

不動産物権変動と登記

民法

直前フォーカス

不動産物権変動と登記では、令和6年に相続と登記、令和5年に取得時効と登記を題材とした出題がされています。今年も引き続き登記に関する出題に注意しましょう。

予想ポイント① 背信的悪意者と登記　　R2-46

背信的悪意者が登場した場合に所有権取得を対抗するのに登記が必要かどうか

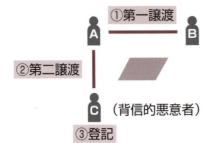

Cが背信的悪意者の場合、AC間の契約が無効となるわけではないが、Cは民法177条の「第三者」にはあたらず、Bは、所有権取得を登記なくしてCに対抗できる。

□□□　民法177条の「第三者」とは、当事者・その包括承継人以外の者で、不動産に関する物権の得喪・変更の登記の欠缺（不存在）を主張する正当な利益を有する者をいう。
- 背信的悪意者Cは「第三者」にはあたらず、Bは登記がなくても所有権取得を対抗できる（最判昭43.8.2）
- 背信的悪意者Cからの転得者DはD自身が背信的悪意者でないなら「第三者」にあたり、Bは登記なくして所有権取得を対抗できない（最判平8.10.29）

予想ポイント② 取得時効と登記　　R5-28

取得時効事例において所有権取得を対抗するのに登記が必要かどうか

□□□　時効により他人の土地を取得した場合、所有権の取得を時効完成後の第三者に対して対抗するには登記が必要であるが（最判昭33.8.28）、時効完成前の第三者に対して対抗するには登記は不要である（最判昭41.11.22）。

31 不動産物権変動と登記

予想ポイント③　相続と登記　　　　　　　　　　　　R6-29

相続事例において所有権取得を対抗するのに登記が必要かどうか

□□□　被相続人から土地を購入した者が、相続人に対して所有権の取得を対抗するには登記は**不要**であるが、相続人から同土地を購入した譲受人に対しては登記が**必要**である。

まとめの図表〈相続と登記〉

相続と登記1	
Aは、Bから土地を譲り受けたが、登記を移転する前にBが死亡し、Bの相続人Cがその土地を相続した場合	A→Cに主張 登記**不要**
相続と登記2	
Aは、Bから土地を譲り受けたが、登記を移転する前にBが死亡し、Bの相続人bがその土地を相続し、Cに売却した場合	A→Cに主張 登記**必要**
相続と登記3	
Bは、Bの土地をAに相続させる旨の遺言を残して死亡し、法定相続分を超える権利を承継したA（Bの相続人）が、これを第三者Cに対抗する場合	A→Cに主張 登記**必要**
相続と登記4（相続放棄と第三者）	
Sの共同相続人A・Bのうち、Bが相続放棄をしたので、AがSの土地を単独で所有することになったが、その登記をしないうちに、Bの債権者Cが、Bが相続放棄をしなかったら得たであろうBの持分を差し押えた場合	A→Cに主張 登記**不要**
相続と登記5（遺産分割協議と第三者）	
Sの共同相続人ABの間で遺産分割協議が行われた結果、AがSの土地を単独で所有することになったが、その登記をしないうちに、Bの債権者Cが、遺産分割協議がなかったら得たであろうBの持分を差し押えた場合	A→Cに主張 登記**必要**

（Aが所有する甲土地（以下「甲」という。）につき、Bの所有権の取得時効が完成し、その後、Bがこれを援用した場合）
Bの時効完成前に、CがAから甲を買い受けて所有権移転登記を了した場合、Bは、Cに対して、登記なくして時効による所有権取得をもって対抗することができる。　　　　　　　　　　　　　　　　　　　　（R5-28肢1）

　○　Cは時効完成前の第三者にあたり、Bが時効による所有権取得をCに対して対抗するのに登記はなくてもよい。

占有権

民法

4日目　究極のファイナルチェック㉜

直前フォーカス

占有権は、直近では令和4年に出題されています。また、即時取得については肢の一部としてですが、令和6年に出題があります。占有権絡みでは、即時取得と占有訴権に関する出題に注意しましょう。

予想ポイント①　占有回収の訴え

占有回収の訴えの提起の可否

□□□　占有者がその占有を奪われた場合、**占有回収の訴え**によって、その物の返還および損害の賠償を請求することができる（200条1項）。
[補足]
・占有を奪われた時から1年経過すると提訴**不可**（201条3項）
・占有を侵奪した者の善意の特定承継人に対しては提訴**不可**（200条2項）

□□□　動産質権者が質物の占有を奪われた場合は、**占有回収の訴え**によってのみその質物を回復できる（353条）。

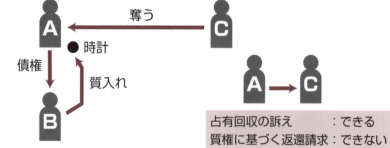

予想ポイント②　即時取得　　　　　　　　　　　　　　R2-28、R4-28、R6-32

即時取得の要件・効果、回復請求

□□□　AがBに貸していた動産（A所有）でも、Bと有効な**取引**を行ったCが平穏公然**善意無過失**で占有を開始したときは、Cが当該動産の所有権を取得する（192条、即時取得）。
[補足]　Cが無過失であることも推定されている。

32 占有権

□□□ 即時取得が成立する場合でも、占有物が盗品または遺失物であるときは、被害者または遺失者は、盗難または遺失の時から２年間、占有者に対してその物の回復を請求することができる（193条）。この場合、占有者が、盗品または遺失物を、競売もしくは公の市場において、またはその物と同種の物を販売する商人から、善意で買い受けたときは、被害者または遺失者は、占有者が支払った代価を弁償しなければ、その物を回復することができない（194条）。

まとめの図表〈所有権の即時取得〉　　　　○：成立する　×：成立しない

要件
① 動産
② ＢＣ間の有効な取引
③ Ｂには処分権限なし
④ Ｃが平穏公然善意無過失
⑤ Ｃが占有開始

効果
　Ｃが所有権を取得（原始取得）

要件のあてはめ	・土地上の立木：×（要件①） ・相続：×（要件②） ・伐採：×（要件②） ・制限行為能力者との取引：×（要件②） ・無権代理人との取引：×（要件②） ・代物弁済：○（要件②） ・占有改定：×（要件⑤） ・指図による占有移転：○（要件⑤）

Ａ所有の動産甲（以下「甲」という。）を、ＢがＣに売却する契約（以下「本件契約」という。）
　Ｂが、Ｂ自身をＡの代理人と偽って、Ａを売主、Ｃを買主とする本件契約を締結し、Ｃに対して甲を現実に引き渡した場合、Ｃは即時取得により甲の所有権を取得する。
（Ｒ６－32肢３）

答　×　無権代理の場合、Ｃは即時取得により甲の所有権の取得はできない。

民 法

所有権

直前フォーカス

　所有権は、5肢択一式では物権的請求権を題材とした問題が令和3年に出題されています。また、記述式でも共有を題材とした問題が令和元年に出題されています。所有権に関連する法律関係は法改正（令和5年4月1日施行）にも絡む箇所であり、今年も注意しておきましょう。

予想ポイント①　物権的請求　　　　　　　　　　　　　　　　　　R3-29

所有権に基づく妨害排除請求

□□□　土地の所有者は、土地上に所有者に無断で建物を築造している者に対して、当該建物の収去および土地の明渡しを求めることが**できる**。
　　→建物収去請求は建物所有者に対して行うが、建物が譲渡されていても前所有者の登記がそのままになっているときは、登記名義人に対して建物の収去を求めることが**できる**（最判平6.2.8）。

予想ポイント②　相隣関係

土地の所有者が隣地に関してできること

□□□　土地の所有者は、①境界またはその付近における障壁、建物その他の工作物の築造、収去、修繕、②境界標の調査または境界に関する測量、③枝の切取りを行うにあたって、隣地を使用**できる**（209条1項）。

□□□　土地の所有者は、他の土地に設備を設置し、または他人が所有する設備を使用しなければ電気、ガス、水道水の供給その他これらに類する継続的給付を受けることができないときは、これらの継続的給付を受けるため必要な範囲内で、他の土地に設備を設置し、または他人が所有する設備を使用することが**できる**（213条1項）。

□□□　土地の所有者は、①竹木の所有者に枝を切除するよう催告したにもかかわらず、竹木の所有者が相当の期間内に切除しないとき、②竹木の所有者を知ることができず、またはその所在を知ることができないとき、③急迫の事情があるときは、隣地の竹木の枝を自ら切除**できる**（233条3項）。

33 所有権

予想ポイント③ 所有者不明土地、管理不全土地の管理

令和5年4月1日施行の民法改正により、所有者不明土地や管理不全土地の管理等に関する規定が設けられた

□□□　裁判所は、所有者を知ることができず、またはその所在を知ることができない土地（土地が数人の共有に属する場合にあっては、共有者を知ることができず、またはその所在を知ることができない土地の共有持分）について、必要があると認めるときは、利害関係人の請求により、その請求に係る土地又は共有持分を対象として、所有者不明土地管理人による管理を命ずる処分（所有者不明土地管理命令）をすることができる（264条の2第1項）。

□□□　裁判所は、所有者による土地の管理が不適当であることによって他人の権利または法律上保護される利益が侵害され、または侵害されるおそれがある場合において、必要があると認めるときは、利害関係人の請求により、当該土地を対象として、管理不全土地管理人による管理を命ずる処分（管理不全土地管理命令）をすることができる（264条の9第1項）。

まとめの図表〈共有関係〉

ABC共有
持分割合　1：1：1

Aが単独で行うことができるか？
・共有物全部の使用：できる
・共有物の不法占拠者に対する妨害排除請求：できる
・共有物の賃貸借：できない（持分価格の過半数が必要）
・共有物の売却：できない（全員の同意が必要）
・持分の譲渡：できる
・持分相当分の損害賠償請求：できる

（A、BおよびCが甲土地を共有し、甲土地上には乙建物が存在している場合）
DがA、BおよびCに無断で甲土地上に乙建物を建てて甲土地を占有使用している場合、Aは、Dに対し、単独で建物の収去および土地の明渡しならびに土地の占拠により生じた損害全額の賠償を求めることができる。
（H28-29肢ア）

答　× 損害全額の賠償を求めることは、共有者の1人が単独で行うことはできない。

4日目

究極の
ファイナル
チェック**34**

民　法

抵当権

直前フォーカス

　抵当権は、直近では令和6年に出題がありました。物権における最重要テーマです。今年も引き続き出題可能性の高いテーマといえます。令和6年は抵当権侵害や物上代位、令和5年は物上代位（記述式）、令和4年は根抵当権に関する問題でしたので、今年は法定地上権や抵当権消滅請求などに注意しましょう。

予想ポイント① 物上代位　　　　　　　　　　　　　　　R5-45、R6-30

物上代位に関する判例知識

□□□　抵当権は、その目的物の売却、賃貸、滅失、損傷によって抵当権設定者が受けるべき金銭その他の物に対しても、行使することができる。ただし、抵当権者は、その払渡しまたは引渡しの前に差押えをしなければならない（372条、304条1項）。

　　　判例・抵当権者は、抵当不動産の賃借人を所有者と同視することを相当とする場合を除き、賃借人が取得する転貸賃料債権について物上代位権を行使することができない（最決平12.4.14）。

　　　　　・抵当権者は、物上代位の目的債権が譲渡され第三者に対する対抗要件が備えられた後においても、自ら目的債権を差し押さえて物上代位権を行使することができる（最判平10.1.31）。

　　　　　・債権について一般債権者の差押えと抵当権者の物上代位権に基づく差押えが競合した場合、両者の優劣は、一般債権者の申立てによる差押命令の第三債務者への送達と抵当権設定登記の先後によって決する（最判平10.3.26）。

予想ポイント② 法定地上権

法定地上権の成立要件

□□□　土地およびその上に存する建物が同一の所有者に属する場合において、その土地または建物につき抵当権が設定され、その実行により所有者を異にするに至ったときは、その建物について、地上権が設定されたものとみなされる（388条前段）。

□□□　土地に1番抵当権設定時は土地と建物が別人所有だったが、その後、同一人所有になった後に土地に2番抵当権が設定され、2番抵当権が実行されて土地所有者が別人が買い受けた場合、法定地上権は成立しない（最判平2.1.22）。

34 抵当権

□□□　建物に1番抵当権設定時は土地と建物が別人所有だったが、その後、同一人所有になった後に建物に2番抵当権が設定され、1番抵当権が実行されて別人が買い受けた場合、法定地上権は成立する（大判昭14.7.26）。

まとめの図表〈第三取得者の登場〉

代価弁済		Cが抵当権者Bの請求に応じてその代価を弁済したときは、Bの抵当権はCのために消滅する（378条）
抵当権消滅請求		Cは、抵当権者Bに対して抵当権消滅請求をすることができ、BがCの提供した代価または金額を承諾し、かつ、Cがそれを払い渡しまたは供託したときに抵当権は消滅する（379条、386条）
	第三取得者	Cが保証人の場合の抵当権消滅請求：できない（380条） 停止条件付の場合、その停止条件の成否が未定である間における抵当権消滅請求：できない（381条）
	消滅請求の時期	抵当権の実行としての競売による差押えの効力が発生する前に請求をしなければならない（382条）

AがBから土地を借りてその土地上に建物を所有している場合において、Aは、その建物上に甲抵当権を設定したが、Bから土地を取得した後に、さらにその建物に乙抵当権を設定した。その後、Aは、甲抵当権の被担保債権について弁済できなかったので、甲抵当権が実行され、その建物は買受人Cが取得した。この場合、この建物のために法定地上権は成立しない。

（H23−30肢3）

答　×　建物への乙抵当権設定時点において要件を満たしており、法定地上権は成立する。

抵当権以外の担保物権

民法

直前フォーカス

抵当権以外の担保物権には、留置権、先取特権、質権があります。また、条文には明文はありませんが、譲渡担保といった方法もあります。直近では、先取特権について令和6年（記述式）、譲渡担保について令和5年、留置権について令和3年、質権について令和元年に出題があります。今後は質権の出題可能性が高まっているといえます。

予想ポイント① 先取特権　　R6-44

先取特権の優劣関係や物上代位に関する条文知識

- ☐☐☐ 先取特権者は、先取特権の目的物の売却・賃貸・滅失・損傷によって債務者が受けるべき金銭その他の物に対して物上代位**できる**。ただし、先取特権者は、その払渡しまたは引渡しの前に**差押え**をしなければならない（304条1項）。

- ☐☐☐ 債務者がその目的である動産を第三者に譲渡して引き渡した後で、その動産について先取特権を行使**できない**（333条）。

  比較して覚えよう！
  ・債務者がその目的である不動産を第三者に譲渡して引き渡した後でも、その不動産について先取特権を行使**できる**。

- ☐☐☐ 不動産の賃貸借の先取特権と動産の売買の先取特権は、**不動産の賃貸借の先取特権**の方が優先する（330条1項）。

- ☐☐☐ 不動産の保存の先取特権と不動産の売買の先取特権は、不動産**保存**の先取特権の方が優先する（331条1項）。

- ☐☐☐ 本来物権の優劣は登記の先後で決するが、不動産保存、不動産工事、不動産売買の先取特権のうち、登記をした不動産**保存**と不動産**工事**の先取特権は、抵当権に先立って行使することができる（339条）。

35 抵当権以外の担保物権

予想ポイント② 譲渡担保　　　R2-28、R5-29

動産を譲渡担保という方式で担保にとった場合の法律関係

- □□□ 構成部分の変動する集合動産について、一括して譲渡担保の目的とすることも**可能**である。
- □□□ 動産の譲渡担保権を第三者に対抗するためには目的物の引渡しが必要であるが、この引渡しには、占有改定による引渡しも**含まれる**。

予想ポイント③ 質権

動産質と不動産質の相違

- □□□ 質権の設定は、債権者にその目的物を**引き渡す**ことによって、その効力を生ずる（344条）。
- □□□ 質権者は、質権設定者に、自己に代わって質物の占有をさせることが**できない**（345条）。
- □□□ 動産質権者は、質物の占有を奪われたときは、占有回収の訴えによってのみ、その質物を回復することができる（353条）。

まとめの図表〈動産質と不動産質〉

	動産質	不動産質
物の引渡し	必要	必要
対抗要件	占有継続	登記
占有を奪われた場合の物権的返還請求	**できない**（占有回収の訴えのみ可）	できる
利息の請求	できる	できない
存続期間の制限	なし	最長**10年**
優先弁済効力	あり	あり
質権者による目的物の使用収益	できない（※ 保存に必要な使用は可）	**できる**

不動産質権者は、設定者の承諾を得ることを要件として、目的不動産の用法に従ってその使用収益をすることができる。　　　（R元-31肢4）

答　×　不動産質権の場合、質権者は、設定者の承諾を得なくても、目的不動産の使用収益をすることができる。

詐害行為取消権

民法

直前フォーカス

令和6年は記述式で債権者代位権から出題がありました。詐害行為取消権は、直近では平成28年に出題されています。平成26年には記述式の題材ともなっていましたが、最近は出題されておらず、民法改正（令和2年4月1日施行）によりルールが変わっているテーマでもあるため、出題可能性が高まってきたといえます。

予想ポイント① 詐害行為取消権

詐害行為取消権の要件と効果

- □□□ 債権者は、債務者が**債権者を害することを知ってした行為**の取消しを裁判所に請求することができる（424条1項本文）。

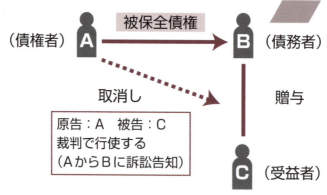

- □□□ 受益者が、その行為の時において債権者を害することを知らなかったときの詐害行為取消請求：**できない**（424条1項ただし書）

- □□□ 財産権を目的としない行為についての詐害行為取消請求：**できない**（424条2項）

  補足　相続放棄：**できない**
  　　　遺産分割協議：**できる**
  　　　離婚に伴う財産分与：**できない**（不相当に過大で、財産分与に仮託してなされた場合は**できる**）

- □□□ 債権者は、その債権が**詐害行為の前の原因**に基づいて生じたものである場合に限り、詐害行為取消請求をすることができる（424条3項）。

- □□□ 債権者は、受益者に対する詐害行為取消請求において、債務者がした行為の**取消し**とともに、その行為によって受益者に移転した財産の**返還**を請求することができる（424条の6第1項前段）。

36 詐害行為取消権

[補足] 受益者がその財産の返還をすることが困難であるときは、債権者は、その価額の償還を請求することができる（424条の6第1項後段）。

□□□ 債権者は、**受益者**に対して詐害行為取消請求をすることができる場合において、受益者に移転した財産を転得した者があるときは、その転得者が、転得の当時、債務者がした行為が債権者を害することを知っていたときは、**転得者**に対しても、詐害行為取消請求をすることができる（424条の5）。

□□□ 詐害行為取消請求を認容する確定判決は、**債務者**およびその全ての債権者に対してもその効力を有する（425条）。

□□□ 詐害行為取消請求に係る訴えは、債務者が債権者を害することを知って行為をしたことを債権者が知った時から**2年**を経過したとき、または行為の時から10年を経過したときは、提起することができない（426条）。

まとめの図表〈債権者代位権と詐害行為取消権〉

債権者代位権		詐害行為取消権
債務者の一身に専属する権利：できない 債務者がすでに権利を行使しているとき：できない	権利の行使	受益者がその行為の時において債権者を害することを知らなかったとき：できない
できる	裁判外での行使	できない
金銭支払：できる 動産引渡し：できる 不動産登記：できない	債権者自身への給付請求	金銭支払：できる 動産引渡し：できる 不動産登記：できない
債権が被代位権利の前の原因に基づいて生じたものでなくてもよい	被保全債権の成立時期	債権が**詐害行為の前の原因**に基づいて生じたものである場合に限る
必要（保存行為の場合は不要）	被保全債権の弁済期到来	不要

遺産分割協議は、共同相続人の間で相続財産の帰属を確定させる行為であるが、相続人の意思を尊重すべき身分行為であり、詐害行為取消権の対象となる財産権を目的とする法律行為にはあたらない。　　　（H25−30肢1）

答　×　遺産分割協議は詐害行為取消権の対象となる。

弁済・相殺

民法

直前フォーカス
債権の消滅という項目においては、弁済と相殺が重要テーマです。直近では、令和5年に出題があります。また、記述式でも出題履歴のあるテーマです。これらのテーマの再出題に注意しましょう。

予想ポイント① 弁済　　　　　　　　　　　　　　　　　　　　　R5-32
第三者がする弁済の可否

□□□　正当な利益を有しない第三者がする弁済（474条）
　　　　債務者の意思に反して弁済し、そのことを債権者が知っていたとき：できない
　　　　債務者の意思に反して弁済し、そのことを債権者が知らなかったとき：できる
　　　　債権者の意思に反して弁済をすること：できない
　　　　債権者の意思に反する弁済だが、第三者が債務者の委託を受けて弁済しており、そのことを債権者が知っていたとき：できる

予想ポイント② 相殺　　　　　　　　　　　　　　　　　　　　　R5-31
相殺の可否

□□□　2人が互いに同種の目的を有する債務を負担する場合、双方の債務が弁済期にあるときは、各債務者は、その対当額について相殺によってその債務を免れることができる（505条1項）。相殺する方の債権を自働債権、相殺される方の債権を受働債権という。

まとめの図表〈相殺の可否〉

ケース1　弁済期と相殺
本来、両債務が弁済期にあることが必要だが、債務者は期限の利益を放棄できるため、実際には、自働債権さえ弁済期にあれば、受働債権は必ずしも弁済期になくてもよい。

10/1において、Aからの相殺であれば相殺可能

37 弁済・相殺

ケース2　不法行為と相殺（509条）

悪意による不法行為に基づく損害賠償債務を受働債権として相殺すること：できない
人の生命または身体の侵害による損害賠償債務を受働債権として相殺すること：できない

Aから相殺：できない
Bから相殺：できる

ケース3　差押えと相殺（511条）

差押えを受けた債権の第三債務者は、差押え後に取得した債権による相殺をもって差押債権者に対抗すること：できない
差押えを受けた債権の第三債務者は、差押え前に取得した債権による相殺をもって差押債権者に対抗すること：できる

補足　差押え後に取得した債権が差押え前の原因に基づいて生じたものであるときは、その第三債務者は、その債権による相殺をもって差押債権者に対抗することができる。

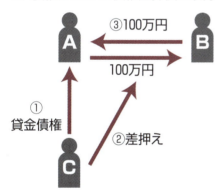
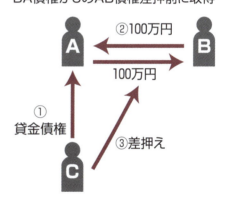

債務者に対する貸金債権の回収が困難なため、債権者がその腹いせに悪意で債務者の物を破損した場合には、債権者は、当該行為による損害賠償債務を受働債権として自己が有する貸金債権と相殺することはできない。

（R5-31肢4）

 ○　悪意による不法行為に基づく損害賠償債務を受働債権とする相殺はできない。

売買契約

民 法

直前フォーカス
売買契約は民法改正（令和2年4月1日施行）によってルールが大きく変わりました。直近では5肢択一式で令和3年、記述式で平成28年に出題されています。改正点も含め、今後の再出題に備えましょう。

予想ポイント①　手付

手付解除の要件

□□□　買主が売主に手付を交付したときは、相手方が契約の履行に着手する前であれば、買主はその手付を放棄し、売主はその倍額を現実に提供して、契約の解除をすることができる（557条1項）。

売主A ── 売買契約 建物を2000万円で売却 ── 買主B
手付100万円支払う

Bが履行に着手するまでは、もらった金額の倍額の200万円を現実に提供して、契約を解除できる。

Aが履行に着手するまでは、支払った100万円を放棄して、契約を解除できる。

予想ポイント②　契約内容不適合の場合の売主の責任　　R3-33

売主の契約内容不適合責任の追及として買主ができること

□□□　引き渡された目的物が種類、品質、数量に関して契約の内容に適合しないものである場合、買主は、売主に対し、目的物の修補、代替物の引渡し、不足分の引渡しによる**履行の追完を請求**することができる（562条1項本文）。
　[補足]　売主は、買主に不相当な負担を課するものでないときは、買主が請求した方法と異なる方法による履行の追完をすることが**できる**（562条1項ただし書）。

□□□　引き渡された目的物が種類、品質、数量に関して契約の内容に適合しないものである場合、買主が相当の期間を定めて履行の追完の催告をし、その期間内に履行の追完がないときは、買主は、その不適合の程度に応じて**代金の減額を請求**することができる（563条1項）。

84

38 売買契約

> 補足　履行の追完が不能であるときや、売主が履行の追完を拒絶する意思を明確に表示したときなどの場合、買主は、催告をすることなく、直ちに代金の減額を請求することが**できる**（563条2項）。

□□□　売主が種類または品質に関して契約の内容に適合しない目的物を買主に引き渡した場合において、買主がその不適合を知った時から**1年**以内にその旨を売主に**通知**しないときは、買主は、その不適合を理由として、履行の追完の請求、代金の減額の請求、損害賠償の請求、契約の解除をすることができない（566条本文）。

> 補足　売主が引渡しの時にその不適合を知り、または重大な過失によって知らなかったときは、買主が期間内に通知をしていなくても、権利行使することができる（566条ただし書）。

予想ポイント③　買戻し

買戻し特約があった場合の法律関係

□□□　不動産の売主は、売買契約と同時にした買戻しの特約により、買主が支払った**代金**（別段の合意をした場合にあっては、その合意により定めた金額）および契約の**費用**を返還して、売買の解除をすることができる（579条前段）。

まとめの図表〈売主の担保責任〉

> 事例　AB間で売買契約があり、売主Aから買主Bに引き渡された目的物が種類、品質、数量に関して契約の内容に適合しないものであったときに、買主Bが売主Aに対してできること　　　　　　　　　　　　　○：できる　×：できない

	買主Bに帰責事由あり	AB双方に帰責事由なし	売主Aに帰責事由あり
損害賠償請求	×	×	○
解除	×	○	○
履行の追完請求	×	○	○
代金減額請求	×	○	○

売買契約において買主から売主に解約手付が交付された場合に、売主が売買の目的物である土地の移転登記手続等の自己の履行に着手したときは、売主は、まだ履行に着手していない買主に対しても、手付倍返しによる解除を主張することはできない。　　　　　　　　　　　　　　　　　　（H23-32肢2）

> 答　×　自分が履行に着手していても、相手方が履行に着手する前であれば、手付による契約の解除は可能。

賃貸借契約

直前フォーカス

賃貸借契約は、直近では令和4年に出題されています（令和5年に総合問題の肢の一つとしての出題もあります）。令和2年、元年にも出題がありました。民法改正（令和2年4月1日施行）によって新しく設けられた条文もあり、引き続き連続して出題される可能性の高いテーマといえます。

予想ポイント① 費用償還請求、賃貸人の交替　　R2-33、R4-32

費用償還請求の弁済期、賃貸人の地位の移転の法律関係

- ☐☐☐ 賃貸人は、賃借物について賃借人が費用を支出したときは、その償還をしなければならないことがある。

  比較して覚えよう！
  - **必要費**：直ちに償還（608条1項）
  - **有益費**：賃貸借の終了時に、目的物の価格が現存している限り、賃貸人の選択で、支出された金額または価値増加額のいずれかを償還（608条2項）

- ☐☐☐ 賃貸人の地位とともに賃借物の所有権を移転させる場合、賃借人の承諾は**不要**である（605条の3）。また、この場合、新所有者が賃貸人としての権利を行使するには所有権の登記を備える**必要**がある（605条の3、605条の2第3項）。

予想ポイント② 賃貸借契約の解除等　　R4-32、R5-33

譲渡・転貸と解除の関係

- ☐☐☐ 賃借物の**全部が滅失**その他の事由により使用・収益をすることができなくなった場合には、賃貸借は、これによって終了する（616条の2）。

  比較して覚えよう！
  賃借物の**一部が滅失**その他の事由により使用・収益をすることができなくなった場合、残存する部分のみでは賃借人が賃借をした目的を達することができないときは、賃借人は、契約の解除をすることができる（611条2項）。

- ☐☐☐ 賃借人が賃貸人に無断で賃借権の譲渡や賃借物の転貸を行ってはならず、無断譲渡・転貸をした場合は、賃貸人に賃貸借契約の解除権が発生する（612条2項）。

  補足 無断譲渡・転貸が、賃貸人に対する**背信的行為と認めるに足らない特段の事情がある場合**には、この解除権は発生しない（最判昭28.9.25）。

□□□ 賃貸人が賃借人に賃貸した目的物を賃借人が賃貸人の承諾を得て転借人に転貸していたが、賃貸人が、賃借人の債務不履行により賃貸借契約を解除した場合には、賃貸人は、解除を転借人に対抗できる。

補足
・転貸借契約は、賃貸人が転借人に対して目的物の返還を請求した時に終了する
・賃貸人が賃貸借契約を解除するのに、転借人に対する履行の催告までは不要

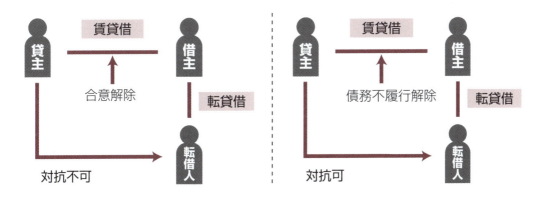

まとめの図表〈賃借土地の不法占拠と妨害排除〉

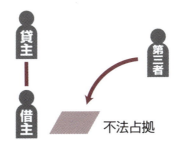

土地賃借権が対抗力を備えている
　土地賃借権に基づき、妨害の停止を請求できる
土地賃借権が対抗力を備えていなくても
　土地の賃借人が、賃貸人に対する賃借権を保全するため、債権者代位権に基づき、賃貸人（所有者）の妨害排除請求権を代位行使できる

（Aは自己所有の甲機械（以下「甲」という。）をBに賃貸し（以下、これを「本件賃貸借契約」という。）、その後、本件賃貸借契約の期間中にCがBから甲の修理を請け負い、Cによる修理が終了した。）
Bは、本件賃貸借契約において、Aの負担に属するとされる甲の修理費用について直ちに償還請求することができる旨の特約がない限り、契約終了時でなければ、Aに対して償還を求めることはできない。　　　　（H29－33肢1）

答　×　必要費は、支出後直ちに賃貸人に対して償還請求できる。

事務管理、不当利得

民法

直前フォーカス

契約以外の債権債務の発生原因には、事務管理、不当利得、不法行為があります。不法行為が頻出ですが、事務管理、不当利得についての出題にも注意しましょう。事務管理については令和元年や平成23年、不当利得については平成25年や22年に出題があります。また、不法行為は過去に繰り返し記述式でも出題されていますが、事務管理、不当利得はまだ記述式での出題はありません。

予想ポイント①　事務管理

事務管理と委任契約の比較

- □□□　管理者は、本人の身体、名誉、財産に対する急迫の危害を免れさせるために事務管理（緊急事務管理）をしたときは、**悪意または重大な過失がある**のでなければ、これによって生じた損害を賠償する責任を負わない（698条）。

予想ポイント②　不当利得

不当利得に関する判例知識

- □□□　法律上の原因なく他人の財産または労務によって利益を受け、そのために他人に損失を及ぼした者（受益者）は、その利益の存する限度において、これを返還する義務を負う（703条）。また、**悪意**の受益者は、その受けた利益に利息を付して返還しなければならず、損害があるときはその賠償の責任も負う（704条）。

- □□□　債務の弁済として給付をした者は、その時において債務の存在しないことを知っていたときは、その給付したものの返還を請求することができない（705条）。ただし、強制執行を避けるためなどやむを得ずに弁済をした場合のように任意に給付されたものでないときは、返還請求**可能**（大判大6.12.11）。

- □□□　不法な原因のために給付をした者は、その給付したものの返還を請求することができない（708条本文）。ただし、不法原因契約を合意の上で解除し、その給付を返還する特約を結ぶことは**可能**（最判昭28.1.22）。

- □□□　不法原因給付であっても、不法な原因が受益者についてのみ存したときは、その給付したものの返還を請求することができる（708条ただし書）。この場合、給付者に不法な点が存在するとしても、給付者の不法性が受益者の不法性に比して微弱なものにすぎないときも**可能**（最判昭29.8.31）。

40 事務管理、不当利得

□□□ 建物賃借人から請け負って修繕工事をした者が、賃借人の無資力を理由に建物所有者に対して修繕代金相当額を不当利得として返還請求できるのは、**賃貸借契約を全体として見て建物所有者が対価関係なしに利益を受けた場合**に限られる（最判平7.9.19）。

補足 Ａが所有する建物をＢに賃貸するにあたり、修繕義務を賃借人Ｂが負うものとする代わりにＡが権利金を受け取らないという特約を結んでいた場合、AB間の契約を全体として見ると、Ａだけが対価関係なしに利益を受けた場合とはいえないので、この場合、Ｂから修繕を頼まれたＣがＡに対して修繕代金相当額を不当利得として返還請求することはできない。

□□□ 金銭消費貸借契約の借主は、特段の事情のない限り、貸主が第三者に対して貸付金を給付したことにより、その価額に相当する利益を受けたとものとみるべきであるが、借主と第三者との間に事前に何ら法律上または事実上の関係のない場合は特段の事情に該当し、借主には利益は存在**しない**（最判平10.5.26）。

補足 ＡがＢと金銭消費貸借契約を結び、貸主Ａから第三者Ｃに対して貸付金が給付されたが、BC間に何ら法律上または事実上の関係がない場合には、Ｂには利得が存在せず、ＡがＢに不当利得として返還請求することはできない。

まとめの図表〈委任契約と事務管理の比較〉

	委任契約・受任者	事務管理・管理者
報酬請求権	なし（特約であり）	なし
費用前払請求権	あり	なし
費用償還請求権	あり	あり（有益な費用）
代弁済請求権	あり	あり（有益な債務）
報告義務	あり	あり
受領物引渡義務	あり	あり

この過去問に注意

（甲建物（以下「甲」という。）を所有するＡが不在の間に台風が襲来し、甲の窓ガラスが破損したため、隣りに住むＢがこれを取り換えた場合）
ＢがＡから甲の管理を頼まれていなかった場合であっても、Ｂは、Ａに対して窓ガラスを取り換えるために支出した費用を請求することができる。

（R元－33肢2）

答 ○ Ｂは、事務管理に基づき、支出した費用をＡに対して償還請求できる。

民 法

不法行為

直前フォーカス

不法行為は、直近では令和6年に不法行為に基づく損害賠償をテーマとした問題が出題されています。民法における頻出テーマの一つであり、平成29年は記述式でも出題されていました。引き続き出題可能性の高いテーマとして注意が必要です。

予想ポイント① 不法行為　　　　　　　　　　　R3-34、R4-34、R5-34、R6-34

不法行為の効果、過失相殺のルール

☐☐☐ 不法行為による損害賠償請求権は、**損害発生と同時**に履行遅滞となる（最判昭37.9.4）。

☐☐☐ 不法行為による損害賠償請求権は、被害者またはその法定代理人が**損害および加害者を知った時**から**3**年間行使しないとき、または不法行為の時から20年間行使しないときは時効によって消滅する（724条）。
　補足　人の生命または身体を害する不法行為の場合、3年間ではなく5年間とする（724条の2）。

☐☐☐ 不法行為による慰謝料請求権は、被害者が生前に請求の意思を表明しなくても、相続の対象と**なる**（最大判昭42.11.1）。

☐☐☐ 被害者が即死した場合でも、その損害賠償請求権は、相続の対象と**なる**（大判大15.2.16）。

予想ポイント② 使用者責任

使用者責任における求償関係

☐☐☐ ある事業のために他人を使用する者は、被用者がその事業の執行について第三者に加えた損害を賠償する責任を**負う**（715条1項本文）。
　補足　使用者が被用者の選任およびその事業の監督について相当の注意をしたとき、または相当の注意をしても損害が生ずべきであったときは、責任を**免れる**（715条1項ただし書）。

☐☐☐ 使用者から被用者に対する求償は、**損害の公平な分担**という見地から信義則上相当と認められる限度に制限される（最判昭51.7.8）。

□□□ 被用者と共同不法行為の関係にある他の加害者がいた場合、使用者は、その負担部分を超えて被害者の損害を賠償したときは、その超える部分につき、他の加害者およびその使用者に対しても、当該加害者の過失割合に従って定められる負担部分の限度で求償することができる。

まとめの図表〈不法行為の成立要件と過失相殺〉

要件
① 加害者の加害行為
② 加害者の故意または過失
③ 被害者に損害が発生
④ 相当因果関係
⑤ 違法性阻却事由がない
⑥ 責任能力がある

効果
損害賠償請求権の発生

被害者に過失があったときは、裁判所は、これを考慮して、損害賠償の額を定めることができる（722条2項）。

過失相殺
　被害者の能力の要否
　　事理弁識能力：必要　　責任能力：不要
　被害者側の過失
　　夫婦の場合：相殺できる　　園児と保育士の場合：相殺できない
　被害者の素因
　　疾患の場合：相殺できる　　身体的特徴の場合：相殺できない

使用者Aが、その事業の執行につき行った被用者Bの加害行為について、Cに対して使用者責任に基づき損害賠償金の全額を支払った場合には、AはBに対してその全額を求償することができる。　　　（H28-34肢ア）

答　× 使用者から被用者への求償は、信義則上一定の制限がかかるため、AはBに対してその全額を求償することができるとはいえない。

民法 親子

直前フォーカス
親子に関する問題は、直近では令和2年に出題があります。記述式でも嫡出否認の訴えを題材とした問題が出題されたことがあります。改正（令和6年4月1日施行）によってルールが変わっているところでもあり、改正点も含めて準備しておきましょう。

予想ポイント①　実子関係

嫡出否認の訴え

□□□　妻が婚姻中に懐胎した子は、当該婚姻における**夫**の子と推定され、女が婚姻前に懐胎した子であって婚姻が成立した後に生まれたものも同様（772条1項）。婚姻の成立の日から200日以内に生まれた子は、婚姻前に懐胎したものと推定し、婚姻の成立の日から200日を経過した後または婚姻の解消・取消しの日から300日以内に生まれた子は、婚姻中に懐胎したものと推定する（772条2項）。

　補足　女が子を懐胎した時から子の出生の時までの間に2以上の婚姻をしていたときは、その子は、その**出生の直近の婚姻における夫**の子と推定する（772条3項）。
　　　→A男とB女が離婚し、B女がC男と再婚して、B女がDを出生した場合、C男の子と推定される。

予想ポイント②　養子関係　　　　　　　　　　　　　　　　　　　R2-35

特別養子縁組のルール

□□□　家庭裁判所は、養親となる者の請求により、実方の血族との親族関係が終了する縁組を成立させることができる（817条の2）。

　比較して覚えよう！
　・実の親との親子関係
　　普通養子縁組：終了**しない**
　　特別養子縁組：終了**する**
　・縁組の成立
　　普通養子縁組：縁組意思の合致＋**届出**
　　特別養子縁組：養親となる者の請求により**家庭裁判所の審判**

42 親子

□□□ 特別養子縁組の離縁は原則として認められないが、①養親による虐待、悪意の遺棄その他養子の利益を著しく害する事由があること、②実父母が相当の監護をすることができることのいずれにも該当する場合において、養子の利益のため特に必要があると認めるときは、家庭裁判所は、養子、実父母または検察官の請求により、特別養子縁組の当事者を離縁させることができる（817条の10）。

□□□ 養子と実父母およびその血族との間においては、離縁の日から、特別養子縁組によって終了した親族関係と同一の親族関係を生ずる（817条の11）。

まとめの図表〈嫡出否認の訴え〉

	父C	子D	母B	前夫A
提訴権者となれるか	○	○	○	○
相手方	子または親権を行う母	父	父	父および子または親権を行う母
提訴期間	父が子の出生を知った時から3年以内	その出生の時から3年以内	子の出生の時から3年以内	前夫が子の出生を知った時から3年以内

特別養子は、実父母と養父母の間の合意を家庭裁判所に届け出ることによって成立する。
（R2-35肢ア）

答　×　特別養子縁組は、養親となる者の請求により家庭裁判所の審判によって成立する。

5日目

究極のファイナルチェック**43**

民　法

相　続

直前フォーカス

　相続は、直近では令和6年に共同相続における遺産分割を題材とした問題が出題されています。引き続き出題可能性の高いテーマとして注意しましょう。特に遺留分についての出題に注意しましょう。

予想ポイント① 代襲相続

代襲相続の可否

☐☐☐　相続開始以前に、相続人である子または兄弟姉妹が、死亡・欠格・廃除によって相続権を失っている場合、その相続人の子（または孫）が代わりに相続する（代襲相続：887条2項、889条2項）。

　　比較して覚えよう！

　相続放棄の場合、代襲相続しない

☐☐☐　欠格は、一定の事由に該当することで当然に相続権を失うものである（891条）。一方、廃除は、被相続人の請求により家庭裁判所の審判で相続権を失わせるものである（892条）。

予想ポイント② 遺留分

遺留分侵害額の請求の仕組み

☐☐☐　遺留分権利者は、受遺者または受贈者に対し、遺留分侵害額に相当する金銭の支払を請求することができる（1046条1項）。

☐☐☐　遺留分侵害額は、相続に最も近い者から負担すればよいと考えられており、遺贈を受けた者（受遺者）と生前に贈与を受けた者（受贈者）とがあるときは、受遺者が先に負担する（1047条1項）。

☐☐☐　遺留分侵害額の請求権は、遺留分権利者が、相続の開始および遺留分を侵害する贈与または遺贈があったことを知った時から1年間行使しないときは、時効によって消滅し、相続開始の時から10年を経過したときも同様である（1048条）。

43 相 続

予想ポイント③　遺産分割　　R6-35

遺産分割に関する条文知識および判例知識

- □□□　共同相続人は、被相続人が遺言で禁じた場合または分割をしない旨の契約をした場合を除き、いつでも、その協議で、遺産の全部または一部の分割をすることができる（907条1項）。

- □□□　遺産の分割前に遺産に属する財産が処分された場合であっても、共同相続人は、その全員の同意により、当該処分された財産が遺産の分割時に遺産として存在するものとみなすことができる（906条の2第1項）。

- □□□　遺産分割協議で定めた債務を履行しない者がいる場合であっても、他の相続人は、**債務不履行**を理由として当該遺産分割協議を**解除することはできない**（最判平元.2.9）。

- □□□　共同相続人の全員の**合意**によって遺産分割協議を**解除**し、改めて遺産分割協議をすることは**できる**（最判平2.9.27）。

まとめの図表〈法定相続分〉

	①子がいる場合	②子がいない場合	③子も直系尊属もいない場合
配偶者の相続分	2分の1	3分の2	4分の3
子の相続分	2分の1	－	－
直系尊属の相続分	－	3分の1	－
兄弟姉妹の相続分	－	－	4分の1

※子、直系尊属、兄弟姉妹が複数いる場合は、相続分をその人数で均等割り（例．子が2人いる場合は、子それぞれの相続分は4分の1ずつ）
※嫡出子・非嫡出子、養子・実子の区別にかかわらず、子の相続分は均等

共同相続人中の特定の1人に相続財産中の不動産の所有権を取得させる一方で当該相続人が老親介護を負担する義務を負う内容の遺産分割協議がなされた場合において、当該相続人が遺産分割協議に定められた介護を行わない場合には、他の共同相続人は債務不履行を理由として遺産分割協議自体を解除することができる。　　　　　　　　　　　　　　　　　　　（R6－35肢1）

答　×　債務不履行を理由として遺産分割協議を解除することはできない。

商 法

直前フォーカス

商法分野は、例年、商法から1問、会社法から4問の内訳で出題されています。商法は、商法総則と商行為の2つに区分され、令和6年は商行為（匿名組合）からの出題でした。今年は商法総則からの出題に注意しましょう。名板貸人の責任は、平成23年に出題がありますが、しばらく出題されていないため注意が必要です。

予想ポイント① 商法の適用

商法の適用、商人の定義

- □□□ 商人の営業、商行為その他商事については、他の法律に特別の定めがあるものを除くほか、商法の定めるところによる（1条1項）。

- □□□ 商事に関し、商法に定めがない事項については商慣習に従い、商慣習がないときは、民法の定めるところによる（1条2項）。
  適用の順序 ①商法→②商慣習→③民法

- □□□ 商人とは、自己の名をもって商行為をすることを業とする者をいう（4条1項）。
  補足 店舗その他これに類似する設備によって物品を販売することを業とする者または鉱業を営む者は、商行為を行うことを業としない者であっても、これを商人とみなす（4条2項）。

予想ポイント② 支配人

支配人の義務

- □□□ 支配人は、商人の許可を受けなければ、自己または第三者のためにその商人の営業の部類に属する取引をすることができない（23条1項2号）。

- □□□ 支配人は、商人の許可を受けなければ、自ら営業を行ったり、他の商人や会社の使用人となったり、会社の取締役等となることができない（23条1項1号・3号・4号）。

44 商　法

予想ポイント③　名板貸し

名板貸人の責任

□□□　自己の商号を使用して営業または事業を行うことを他人に許諾した商人は、当該商人が当該営業を行うものと誤認して当該他人と取引をした者に対し、当該他人と**連帯して**、当該取引によって生じた債務を弁済する責任を負う（14条）。

まとめの図表〈名板貸人の責任〉

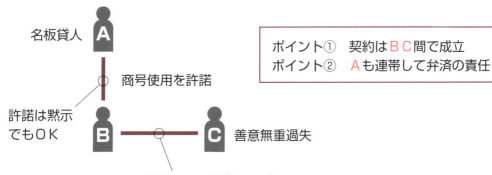

ポイント①　契約はＢＣ間で成立
ポイント②　Ａも連帯して弁済の責任

不法行為の場合
　取引行為的不法行為：あり（例 詐欺取引）
　事実行為的不法行為：なし（例 交通事故）

（商人Ａが、商人Ｂに対してＡの商号をもって営業を行うことを許諾したところ、Ａの商号を使用したＢと取引をした相手方Ｃは、当該取引（以下、「本件取引」という。）を自己とＡとの取引であると誤認した。本件取引の相手方の誤認についてＣに過失がなかった場合）
契約はＡとＣの間で成立し、Ａが本件取引によって生じた債務について責任を負うが、ＣはＢに対しても履行の請求をすることができる。

（H23－36肢１）

答　×　契約はＢとＣの間で成立する。

会社法1（株式会社の設立）

商法

直前フォーカス

株式会社の設立は、ほぼ毎年出題されている会社法の重要テーマの一つです。令和6年には総合問題の肢の一つとしてしか出題されませんでした。今年は設立で1問というパターンに注意しましょう。

予想ポイント① 設立手続　　　　　R2-37、R3-37、R4-37、R5-37

発起設立と募集設立の相違

- □□□ 発起設立・募集設立いずれの方法による場合でも、**発起人**は、最低1株以上は引き受けなければならない。

- □□□ 株式会社に払込みまたは給付された財産の額が資本金の額であるが、払込みまたは給付に係る額の**2分の1**を超えない額は資本金として計上しないことができ、その場合、その額は**資本準備金**とする（445条1項～3項）。

- □□□ 株式会社が成立しなかったときは、**発起人**は、連帯して、株式会社の設立に関してした行為についてその責任を負い、株式会社の設立に関して支出した費用を負担する（56条）。

- □□□ 定款の絶対的記載事項（27条、37条）
    ①目的
    ②商号
    ③本店の所在地
    ④設立時に出資される財産の価額またはその最低額
    ⑤発起人の氏名・住所
    ⑥発行可能株式総数
    [補足] 資本金や、設立時発行株式総数は、絶対的記載事項ではない

- □□□ 発行可能株式総数は、原始定款に定めておかなくてもよいが、その場合は、**株式会社成立の時までに**、定めればよい（37条1項）。

- □□□ **公開会社**の場合、設立時発行株式総数は、発行可能株式総数の4分の1を下回ってはならない（37条3項）。

45 会社法1（株式会社の設立）

予想ポイント②　変態設立事項　　　　　　　　　　　　　　R2-37

現物出資による場合の規制

□□□　変態設立事項には、①現物出資、②財産引受、③発起人の報酬・特別利益、④設立費用がある（28条）。

□□□　現物出資の場合、①出資者の氏名または名称、②出資財産、③その価額、④その者に割り当てる設立時発行株式の数を**定款**に記載する必要がある（28条1号）。

○：できる　×：できない

	現物出資	財産引受	発起人の報酬・特別利益	設立費用
定款への記載	必要	必要	必要	必要
定款記載の省略	×	×	×	×
検査役の調査	必要	必要	必要	必要
検査役調査の省略 ※	○	○	×	×

※少額財産（500万円以下）の場合、有価証券の場合、弁護士等の証明がある場合には、検査役の調査は不要

まとめの図表〈発起設立と募集設立〉

	発起設立	募集設立
発起人の出資	あり	あり
発起人以外の者の出資	なし	あり
発起人の未払い	失権予告付催告	失権予告付催告
発起人以外の者の未払い	－	当然失権
払込取扱機関の保管証明	なし	あり
創立総会の開催	なし	あり
設立時取締役の選任	発起人が選任	創立総会で選任
疑似発起人の責任	なし	あり

株式会社が成立しなかったときは、発起人は、連帯して、株式会社の設立に関してした行為についてその責任を負い、株式会社の設立に関して支出した費用を負担する。　　　　　　　　　　　　　　　（H30－37肢5）

答　○　会社不成立のときは、発起人がその責任を負う。

会社法2（株式）

直前フォーカス
株式や株主に関する問題は、直近では令和6年に出題されていますが、過去5年間では毎年出題されている会社法の重要テーマの一つです。今年も連続して出題される可能性の高いテーマといえます。

予想ポイント① 自己株式　　R2-38、R6-37
自己株式の取得のルール、自己株式の権利関係

□□□　自己株式を取得した場合、**保有の期間制限はない**ため、一定期間内に処分しなければならないわけではない。

□□□　自己株式には株主総会での**議決権**は認められず、**剰余金の配当**も受けられない。
　　　自己株式取得の手続
　　　・すべての株主に申込機会を与えて取得する：**株主総会**
　　　・特定の株主からのみ取得する：**株主総会（特別決議）**
　　　　※子会社から取得するときは、株主総会（取締役会設置会社では取締役会）でよい

予想ポイント② 異なる内容の株式　　R2-38、R5-38、R6-37
議決権を制限する株式や譲渡を制限する株式の法律関係

□□□　**議決権制限株式**（108条1項3号）
　　　株式会社は、株主総会の議決権を行使できる事項について制限が存する株式を発行**できる**。なお、一定の事項についてのみ制限するほか、議決権の全部を与えない完全無議決権株式を発行することもできる。議決権制限株式の発行は、少数者による会社支配を可能とするため、**公開会社**の場合、議決権制限株式の総数は発行済株式総数の2分の1を超えたときはその是正をすべき旨が規定されている。
　　　　全部をこの種類：**できない**　　一部をこの種類：**できる**

□□□　**譲渡制限株式**（107条1項1号、108条1項4号）
　　　株式の譲渡による取得について会社の承認を必要とする株式を発行**できる**。株式会社の承認なしに行われる株式譲渡は、譲渡当事者間では**有効**であるとしても、株式会社との関係では効力を生じない。
　　　　全部をこの種類：**できる**　　一部をこの種類：**できる**

46 会社法 2（株式）

予想ポイント③　単元株制度

単元未満株主の権利

□□□　株式会社は、単元株制度を導入し、一定数以上の株式を保有していなければ株主総会で議決権を行使できないとすることも**できる**。
　　単元株制度の新設
　　　定款変更の要否：**必要**、株主総会特別決議の要否：**必要**
　　単元株制度の廃止
　　　定款変更の要否：**必要**、株主総会特別決議の要否：**不要**

□□□　単元未満株式を保有する株主の権利
　　議決権：**なし**
　　剰余金配当請求権：**あり**
　　株式買取請求権：**あり**
　　株式売渡請求権：定款で定めれば**あり**

まとめの図表〈株主の権利行使（公開会社・取締役会設置会社の場合）〉

	保有期間要件	保有割合要件
株主名簿閲覧請求権（125条2項）	なし	なし
募集株式発行差止請求権（210条）	なし	なし
株主総会招集権（297条1項・4項）	6か月	3％
株主総会議事録閲覧請求権（318条4項）	なし	なし
株主総会の議題提案権（303条2項）	6か月	1％
株主総会検査役選任請求権（306条1項・2項）	6か月	1％
業務の執行に関する検査役選任請求権（358条1項）	なし	3％
取締役の違法行為差止請求権（360条1項）	6か月	なし
取締役会議事録閲覧請求権（371条2項）	なし	なし
会計帳簿閲覧請求権（433条1項）	なし	3％
株主総会決議取消しの訴え（831条1項）	なし	なし
株主代表訴訟（847条1項）	6か月	なし
取締役解任の訴え（854条1項）	6か月	3％

株主総会における議決権の全部を与えない旨の定款の定めは、その効力を生じない。
　　　　　　　　　　　　　　　　　　　　　　　　　　　（R6-37肢ア）

　答　×　株主総会における議決権を制限する株式の発行も可能であり、議決権の全部を与えない旨の定款の定めも有効である。

会社法3（株主総会）

商法

直前フォーカス

機関では、令和6年は監査等委員会設置会社の取締役の報酬に関する問題が出題されていました。機関に関する問題は過去5年間では毎年出題されています。株主総会は、株主総会単独での出題のほか総合問題の肢の一つとしての出題も想定して準備しておきましょう。令和6年には会社訴訟に関する問題の肢の一つとして出題がありました。

予想ポイント① 株主総会　　R2-39、R4-39

株主総会の招集や議事のルール

□□□　取締役会設置会社の場合、株主総会は、<u>会社法</u>に規定する事項および<u>定款</u>で定めた事項に限り、決議をすることができる（295条2項）。

比較して覚えよう！

・取締役会を設置しない会社の場合、株主総会は、会社法に規定する事項および株式会社の組織、運営、管理その他株式会社に関する<u>一切</u>の事項について決議をすることができる（295条1項）。

原　則	1株1議決権
議決権のない株式の例	単元未満株式、議決権制限株式、自己株式、相互保有株式、子会社が保有する親会社株式
議事録	・作成必要 ・本店には10年間備え置く ・株主は、営業時間内はいつでも閲覧・謄写請求<u>できる</u> ・債権者は、営業時間内はいつでも閲覧・謄写請求<u>できる</u> ・親会社社員は、その権利を行使するため必要があるときは、裁判所の許可を得て、閲覧・謄写請求<u>できる</u>
代理行使	できる
特別利害関係人	株主総会の決議について特別利害関係を有する者が議決権を行使したことによって著しく不当な決議がされたときは、株主総会決議<u>取消し</u>の訴えの原因となる
みなし決議	取締役または株主が株主総会の目的である事項について提案をした場合、当該提案につき株主（当該事項について議決権を行使することができるものに限る。）の全員が書面または電磁的記録により同意の意思表示をしたときは、当該提案を可決する旨の株主総会の決議があったものと<u>みなす</u>

47 会社法3（株主総会）

- □□□ 株主総会の招集手続を欠く場合でも、株主全員がその開催に同意して出席し、株主総会の権限に属する事項について行われた決議は、**有効**（全員出席総会、最判昭60.12.20）。

- □□□ 株主総会において議決権を行使する代理人を株主に限る旨の定款の規定は、**有効**（最判昭43.11.1）。

- □□□ 株式会社は、株主総会資料をWebサイトに掲載し、株主に対してそのアドレスを書面で通知する方法により、株主総会資料を株主に提供することが**できる**（325条の2）。

予想ポイント② 株主総会決議の瑕疵　　　　　　　　　　　　R6-40

取消しの訴えと無効確認の訴えの相違

- □□□ 株主は、他の株主に対する招集手続に瑕疵がある場合、自己に対する株主総会の招集手続に瑕疵がなくても、株主総会決議取消しの訴えを提起することが**できる**（最判昭42.9.28）。

- □□□ 株主が株主総会決議取消しの訴えを提起した場合、その提訴期間が経過した後に新たな取消事由を追加して主張することは**できない**（最判昭51.12.24）。

まとめの図表〈株主総会決議の瑕疵〉

	株主総会決議取消しの訴え	株主総会決議無効確認の訴え
原因	・招集手続や決議**方法**が**法令**に違反する ・招集手続や決議**方法**が**定款**に違反する ・決議**内容**が**定款**に違反する ・特別利害関係人の議決権行使により著しく不当な決議となった	・決議**内容**が**法令**に違反する
提訴期間	3か月以内	なし
裁量棄却制度	あり	なし

（公開会社でない株式会社で、かつ、取締役会を設置していない株式会社）株主総会は、会社法に規定する事項および株式会社の組織、運営、管理その他株式会社に関する一切の事項について決議することができる。

（R元-40肢1）

答　○　取締役会非設置会社の場合、株主総会は一切の事項について決議できる。

会社法4（取締役）

商 法

直前フォーカス

令和6年は監査等委員会設置会社の取締役の報酬の問題として取締役の出題がありました。機関に関する問題は過去5年間では毎年出題されており、中でも出題頻度の高いテーマが取締役ですので、特に注意しましょう。

予想ポイント①　取締役　　　　　　　　　　　　　　　R2-40、R5-39

取締役の選任・解任のルール

□□□　公開会社の場合、取締役は必ず株主の中から選任しなければならない旨の定款規定を設けることは**できない**（331条2項）。一方、非公開会社の場合、その旨の定款規定を設けることが**できる**。

□□□　取締役は、株主総会の普通決議で選任される（329条1項、341条）。取締役の解任は、株主総会の**普通**決議ですることができる（339条1項、341条）。

比較して覚えよう！
・監査役の選任：株主総会普通決議
・監査役の解任：株主総会**特別**決議

□□□　取締役会設置会社の場合、取締役の員数は**3人**以上とされる（331条5項）。一方、取締役会非設置会社の場合、取締役は**1人**以上いればよい（326条1項）。

□□□　取締役が株式会社（取締役会設置会社）と利益が相反する取引をする場合、事前に重要な事実を開示して**取締役会**の承認を得て、取引後は遅滞なく取引について重要な事実を**取締役会**に報告する必要がある（356条2号、365条）。

```
     取引
 A ←――――→  会社     取引を決定する取締役会
                    取締役B・C　賛成
X社の取締役  X株式会社
```

直接取引を自己のためにした取締役Aの責任：**無過失責任**
その他の取締役B・Cの責任：**過失責任**
　※A・B・Cは任務を懈怠したものと推定されるが、B・Cは任務を懈怠していないことを証明すれば、責任を免れる。

48 会社法4（取締役）

□□□ 取締役会の決議に参加した取締役であって議事録に異議をとどめないものは、その決議に賛成したものと**推定する**（369条5項）。

□□□ 取締役が競業取引の制限に関する規定に違反して取引をした場合、当該取引によって取締役または第三者が得た利益の額は、会社に対して賠償責任を負う損害の額と**推定する**（423条2項）。

予想ポイント② 監査等委員会設置会社　　R3-39、R6-38

監査等委員会設置会社における機関の設置の可否

□□□ 監査等委員会設置会社では、監査等委員会が設置され、監査等委員は取締役3人以上で組織され、その**過半数は社外取締役**でなければならない。

まとめの図表〈監査等委員会設置会社〉

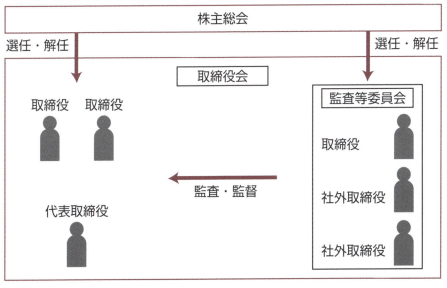

（公開会社でない株式会社で、かつ、取締役会を設置していない株式会社）株式会社は、取締役が株主でなければならない旨を定款で定めることができる。
　　　　　　　　　　　　　　　　　　　　　　　　　　　　（R元-40肢4）

答　○　非公開会社の場合、取締役が株主でなければならない旨の定款を定めることもできる。

多肢選択式 1（憲法）

直前フォーカス

令和6年は、判例の先例拘束性（最大決平25.9.4）を題材とした問題が出題されました。例年、多肢選択式3問のうちの1問は憲法からの出題となっています。判例を題材とした出題が多いので、今年も判例を題材とした出題の可能性が高いといえます。

1．直近5年間の出題傾向

出題年度	出題テーマ
令和2年	労働基本権：三井美唄事件（最大判昭43.12.4）
令和3年	統治：裁判員制度合憲判決（最大判平23.11.16）
令和4年	統治：法律上の争訟（最大判令2.11.25）
令和5年	表現の自由：北方ジャーナル事件（最大判昭61.6.11）
令和6年	判例の先例拘束性（最大決平25.9.4）

2．出題予想テーマ

☐☐☐ 　幸福追求権

性別変更違憲事件（最大判令5.10.25）

「憲法13条は、「すべて国民は、個人として尊重される。生命、自由及び幸福追求に対する国民の権利については、公共の福祉に反しない限り、立法その他の国政の上で、最大の尊重を必要とする。」と規定しているところ、自己の意思に反して身体への侵襲を受けない自由（以下、単に「身体への侵襲を受けない自由」という。）が、人格的生存に関わる重要な権利として、同条によって保障されていることは明らかである。」

☐☐☐ 　政教分離

孔子廟訴訟（最大判令3.2.24）

「参加人は、久米三十六姓の歴史研究等をもその目的としているものの、宗教性を有する本件施設の公開や宗教的意義を有する釋奠祭禮の挙行を定款上の目的又は事業として掲げており、実際に本件施設において、多くの参拝者を受け入れ、釋奠祭禮を挙行している。このような参加人の本件施設における活動の内容や位置付け等を考慮すると、本件免除は、参加人に上記利益を享受させることにより、参加人が本件施設を利用した宗教的活動を行うことを容易にするものであるということができ、その効果が間接的、付随的なものにとどまるとはいえない。

…本件施設の観光資源等としての意義や歴史的価値を考慮しても、本件免除は、一般人の目から見て、市が参加人の上記活動に係る特定の宗教に対して特別の便益を提供し、これを援助していると評価されてもやむを得ないものといえる。

…本件免除は、市と宗教との関わり合いが、我が国の社会的、文化的諸条件に照らし、信教の自由の保障の確保という制度の根本目的との関係で相当とされる限度を超えるものとして、憲法20条3項の禁止する宗教的活動に該当すると解するのが相当である」

職業選択の自由

薬局距離制限事件（最大判昭50.4.30）
「適正配置規制は、主として国民の生命及び健康に対する危険の防止という消極的、警察的目的のための規制措置であり、そこで考えられている薬局等の過当競争及びその経営の不安定化の防止も、それ自体が目的ではなく、あくまでも不良医薬品の供給の防止のための手段であるにすぎないものと認められる。すなわち、小企業の多い薬局等の経営の保護というような社会政策的ないしは経済政策的目的は右の適正配置規制の意図するところではなく…」

裁判所

在外国民の国民審査権確認事件（最大判令4.5.25）
「国民審査の制度は、国民が最高裁判所の裁判官を罷免すべきか否かを決定する趣旨のものであるところ、憲法は、一切の法律、命令、規則又は処分が憲法に適合するかしないかを決定する権限を有する終審裁判所である（憲法81条）などの最高裁判所の地位と権能に鑑み、この制度を設け、主権者である国民の権利として審査権を保障しているものである。そして、このように、審査権が国民主権の原理に基づき憲法に明記された主権者の権能の一内容である点において選挙権と同様の性質を有することに加え、憲法が衆議院議員総選挙の際に国民審査を行うこととしていることにも照らせば、憲法は、選挙権と同様に、国民に対して審査権を行使する機会を平等に保障しているものと解するのが相当である。
憲法の以上の趣旨に鑑みれば、国民の審査権又はその行使を制限することは原則として許されず、審査権又はその行使を制限するためには、そのような制限をすることがやむを得ないと認められる事由がなければならないというべきである。そして、そのような制限をすることなしには国民審査の公正を確保しつつ審査権の行使を認めることが事実上不可能ないし著しく困難であると認められる場合でない限り、上記のやむを得ない事由があるとはいえず、このような事由なしに審査権の行使を制限することは、憲法15条1項、79条2項、3項に違反するといわざるを得ない。また、このことは、国が審査権の行使を可能にするための所要の立法措置をとらないという不作為によって国民が審査権を行使することができない場合についても、同様である。」

多肢選択式2（行政法）

多肢選択式

直前フォーカス

令和6年は、損失補償と行政事件訴訟法を題材とした問題の2問が出題されました。例年、多肢選択式3問のうちの2問は行政法からの出題となっています。行政法の一般的な法理論と行政事件訴訟法から出題されやすい傾向にあります。

1. 直近5年間の出題傾向

出題年度	出題テーマ
令和2年	行政法の一般的な法理論（行政指導）
	国家賠償法（地方議会の議員に対する懲罰と国家賠償請求訴訟）
令和3年	行政法の一般的な法理論（行政強制・行政罰）
	行政手続法（不利益処分と理由の提示）
令和4年	行政法の一般的な法理論（情報公開）
	国家賠償法（国家賠償と損失補償）
令和5年	行政法の一般的な法理論（公営住宅の使用関係）
	行政事件訴訟法（無効確認訴訟）
令和6年	損失補償
	行政事件訴訟法（当事者訴訟）

2. 出題予想テーマ

☐☐☐ 行政法の一般的な法理論（行政契約）
売却処分無効確認事件（最判昭62.5.19）
「随意契約の制限に関する法令に違反して締結された契約の私法上の効力については別途考察する必要があり、かかる違法な契約であっても私法上当然に無効になるものではなく、随意契約によることができる場合として前記令の規定の掲げる事由のいずれにも当たらないことが何人の目にも明らかである場合や契約の相手方において随意契約の方法による当該契約の締結が許されないことを知り又は知り得べかりし場合のように当該契約の効力を無効としなければ随意契約の締結に制限を加える前記法及び令の規定の趣旨を没却する結果となる特段の事情が認められる場合に限り、私法上無効になるものと解するのが相当である。……当該契約が仮に随意契約の制限に関する法令に違反して締結された点において違法であるとしても、それが私法上当然無効とはいえない場合には、普通地方公共団体は契約の相手方に対して当該契約に基づく債務を履行すべき義務を負うのであるから、右債務の履行として行われる行為自体はこれを違法ということはできず、このような場合に住民が法242条の2第1項1号所定の住民訴訟の手段によって普通地方公共団体の執行機関又は職員に対し右債務の履行として行われる行為の差止めを請求することは、許されないものとい

50　多肢選択式2（行政法）

うべきである。」

行政手続法
最判平27.3.3
「行政手続法の規定の文言や趣旨等に照らすと、同法12条1項に基づいて定められ公にされている処分基準は、単に行政庁の行政運営上の便宜のためにとどまらず、不利益処分に係る判断過程の公正と透明性を確保し、その相手方の権利利益の保護に資するために定められ公にされるものというべきである。したがって、行政庁が同項の規定により定めて公にしている処分基準において、先行の処分を受けたことを理由として後行の処分に係る量定を加重する旨の不利益な取扱いの定めがある場合に、当該行政庁が後行の処分につき当該処分基準の定めと異なる取扱いをするならば、裁量権の行使における公正かつ平等な取扱いの要請や基準の内容に係る相手方の信頼の保護等の観点から、当該処分基準の定めと異なる取扱いをすることを相当と認めるべき特段の事情がない限り、そのような取扱いは裁量権の範囲の逸脱又はその濫用に当たることとなるものと解され、この意味において、当該行政庁の後行の処分における裁量権は当該処分基準に従って行使されるべきことがき束されており、先行の処分を受けた者が後行の処分の対象となるときは、上記特段の事情がない限り当該処分基準の定めにより所定の量定の加重がされることになるものということができる。以上に鑑みると、行政手続法12条1項の規定により定められ公にされている処分基準において、先行の処分を受けたことを理由として後行の処分に係る量定を加重する旨の不利益な取扱いの定めがある場合には、上記先行の処分に当たる処分を受けた者は、将来において上記後行の処分に当たる処分の対象となり得るときは、上記先行の処分に当たる処分の効果が期間の経過によりなくなった後においても、当該処分基準の定めにより上記の不利益な取扱いを受けるべき期間内はなお当該処分の取消しによって回復すべき法律上の利益を有するものと解するのが相当である。」

行政事件訴訟法
判決の効力
処分を取り消す判決は、その事件について、処分をした行政庁その他の関係行政庁を拘束する。このような効力は、判決の拘束力と呼ばれる。申請を却下した処分が判決により取り消されたときは、その処分をした行政庁は、判決の趣旨に従い、改めて申請に対する処分をしなければならない。また、処分を取り消す判決は、第三者に対しても効力を有する。そのため、第三者の手続保障も考慮する必要があり、第三者には訴訟参加が認められているが、処分を取り消す判決により権利を害された第三者で、自己の責めに帰することができない理由により訴訟に参加することができなかったため判決に影響を及ぼすべき攻撃・防御の方法を提出することができなかったものは、これを理由として、確定の終局判決に対し、再審の訴えをもって、不服の申立てをすることができる。

40字記述式1（行政法）

直前フォーカス

例年、記述式3問の出題のうち、1問が行政法からの出題です。40字記述式での出題は平成18年の試験から始まっていますが、過去19年間（19問）のうち、行政事件訴訟法から12問、行政法の一般的な法理論から3問、行政手続法から3問、地方自治法から1問が出題されています。行政事件訴訟法からの出題が多いのが特徴です。

1．直近5年間の出題傾向

出題年度	出題テーマ
令和2年	行政事件訴訟法：無効確認訴訟
令和3年	行政手続法：行政指導
令和4年	行政事件訴訟法：義務付け訴訟
令和5年	行政事件訴訟法：差止め訴訟
令和6年	行政事件訴訟法：処分取消訴訟

2．出題予想テーマ

□□□　行政法の一般的な法理論

問題　違法な建築物を築造し、所有していたXは、行政庁Aからの指導にも従わず、なお当該建築物を撤去せずにいたため、行政庁AはXに対して当該建築物を撤去するよう命じる行政処分を行った。しかし、それでもXは自ら当該建築物を撤去しようとしない。この場合、行政庁Aが行政上の強制執行によりXの代わりに撤去義務を履行することを何と呼ぶか。また、個別の法律に規定がないときにこのような強制は何という法律に基づいて行われ、その法律によると撤去にかかった費用をXが支払わないときはどのような方法で強制徴収することになっているかについて、40字程度で記述しなさい。

解答例

代執行と呼ばれ、行政代執行法に基づいて行われ、費用は国税滞納処分の例により徴収する。

（解説）本問のような代替的作為義務の不履行に対する行政上の強制執行の方法は**代執行**と呼ばれます。そして、代執行は、別に法律で定めるものがあればそれによりますが、そうでなければ**行政代執行法**の定めるところによります（行政代執行法1条）。また、代執行に要した費用は義務者が負担することになりますが、その費用を義務者が支払わないときは、代執行に要した費用は**国税滞納処分の例**により徴収することができます（6条1項）。

51 40字記述式1（行政法）

6日目

□□□ **行政手続法**

問題　総務省において総務省令の改正をしようとする場合、命令等制定機関である総務大臣は、省令改正にあたり、当該改正省令の案およびこれに関連する資料をあらかじめ公示し、意見提出先と意見提出期間を定めて広く一般の意見を求めることが必要とされる。行政手続法上、その際の意見提出期間はどのように定められているか、また、このような手続は何と呼ばれるかについて、40字程度で記述しなさい。なお、原則通りの意見提出期間を定めることができないやむを得ない理由はないものとする。

解答例

意見提出期間は公示の日から起算して30日以上とし、意見公募手続と呼ばれる。

（解説）命令等制定機関は、命令等を定めようとする場合には、当該命令等の案およびこれに関連する資料をあらかじめ公示し、意見の提出先および意見提出期間を定めて広く一般の意見を求めなければなりません（39条1項）。そして、この意見提出期間は、公示の日から起算して30日以上でなければなりません（39条3項）。なお、30日以上の意見提出期間を定めることができないやむを得ない理由があるときは、30日を下回る意見提出期間を定めることも可能です（40条1項）。また、このような手続は意見公募手続と呼ばれます。

□□□ **行政事件訴訟法**

問題　起業者Aは、B県知事Cから土地収用についての事業認可を受け、B県の収用委員会Dは、土地収用裁決により公共事業として私人Xの所有する土地を収用した。Xは、当該土地収用裁決には重大かつ明白な瑕疵があると考え、その無効を主張して、同土地の所有権が自己にあることを確認する訴訟を提起することを検討している。この場合、Xは、誰を被告として、どのような訴訟を提起すべきか。また、その訴訟は行政法学上どのように呼ばれているか。40字程度で記述しなさい。

解答例

起業者Aを被告として、所有権確認訴訟を提起すべきで、争点訴訟と呼ばれている。

（解説）本問土地収用裁決には重大かつ明白な瑕疵があり無効となりますが、無効確認訴訟は、当該処分の効力の有無を前提とする現在の法律関係に関する訴えによって目的を達することができないものに限り提起することができるものとされています（行政事件訴訟法36条）。本問では、現在の法律関係である所有権についての確認を求める訴訟を提起できる場合ですので、B県を被告とする無効確認訴訟の提起ではなく、起業者Aを被告とする所有権確認訴訟（民事訴訟）を提起することになります。そして、このような行政処分の有効無効が争点となる民事訴訟は、行政法学上、争点訴訟と呼ばれています。

40字記述式

111

40字記述式2（民法）

40字記述式

直前フォーカス

例年、記述式3問の出題のうち、2問が民法からの出題です。40字記述式での出題は平成18年の試験から始まっていますが、過去19年間（38問）のうち、総則から4.5問、物権から9問、債権から21.5問、親族・相続から3問が出題されています（※ 不法行為と代理の混合問題を総則0.5・債権0.5として数えています）。債権分野からの出題が多いのが特徴です。

1．直近5年間の出題傾向

出題年度	出題テーマ
令和2年	総則：意思表示
	物権：二重譲渡と背信的悪意者
令和3年	債権：債権譲渡
	債権：不法行為
令和4年	総則：代理
	債権：債権者代位権
令和5年	物権：抵当権
	債権：請負契約
令和6年	物権：先取特権
	債権：債権者代位権

2．出題予想テーマ

☐☐☐ 総則

問題　AとBは婚姻関係にあったが、Aが精神上の障害により事理を弁識する能力が著しく不十分となったため、Bの請求により、家庭裁判所から保佐開始の審判を受け、Bが保佐人となった。AがCに対して自己の財産を贈与しようと思っているが、BがAの利益を害するおそれがないにもかかわらず同意をしないでいる。このような場合に、Aが有効にCに贈与し、Bによって取り消されないようにしておきたいときは、どこに対し、誰が請求することにより、何を得ればよいかについて、民法の規定に照らし、40字程度で記述しなさい。

解答例
家庭裁判所に対し、Aが請求することにより、Bの同意に代わる許可を得ればよい。

（解説）被保佐人が贈与するには保佐人の同意を得なければなりません（13条1項5号）。そして、このような保佐人の同意を得なければならない行為について、保佐人が被保佐人の利益を害するおそれがないにもかかわら

ず同意をしないときは、家庭裁判所は、被保佐人の請求により、保佐人の同意に代わる許可を与えることができます（13条3項）。保佐人の同意を得なければならない行為であって、その同意またはこれに代わる許可を得ないでしたものは、取り消すことができますが（13条4項）、保佐人の同意はなくても、同意に代わる許可があれば有効な贈与を行えますので、保佐人もこれを取り消すことはできません。

☐☐☐ **債権**

問題　AはBに対して100万円の金銭債権を有していたが、この債務をBの親族のCが引き受けることとし、債務引受の内容は、CがBと連帯して、BがAに対して負担する債務と同一の内容の債務を負担するものとした。このような債務引受はBとCとの契約によってすることもできるが、この場合、債務引受はいつその効力を生じ、また、このような債務引受は何と呼ばれるかについて、40字程度で記述しなさい。

解答例

債権者Aが引受人となる者Cに対して承諾をした時にその効力を生じ、併存的債務引受と呼ばれる。

（解説）債務引受の引受人が、債務者と連帯して、債務者が債権者に対して負担する債務と同一の内容の債務を負担する債務引受は、併存的債務引受と呼ばれます（470条1項）。併存的債務引受は、債務者と引受人となる者との契約によってもすることができますが、この場合、債権者が引受人となる者に対して承諾をした時に、その効力を生じます（470条3項）。

☐☐☐ **親族・相続**

問題　AとBは婚姻から3年後に離婚し、その1週間後にBはCと婚姻し、その60日後にBは子Dを出生した。この場合、Dの父親は誰と推定されるか。そして、その者がDとの父子関係を否定するときは、どのような訴えによるべきか、また、当該訴えはいつまでに提起すべきか。40字程度で記述しなさい。

解答例

Cと推定され、嫡出否認の訴えにより、CがDの出生を知った時から3年以内に行う。

（解説）女が子を懐胎した時から子の出生の時までの間に2以上の婚姻をしていたときは、その子は、その出生の直近の婚姻における夫の子と推定されます（772条3項）。そして、父は、嫡出否認の訴えにより子との父子関係を否定することができます（774条1項、775条1項1号）。この場合、嫡出否認の訴えは、父が子の出生を知った時から3年以内に行う必要があります（777条1号）。

一般知識1（政治）

基礎知識

直前フォーカス

　一般知識分野では、選挙制度と各国の政治体制についての出題に備えておきましょう。特に、選挙制度は令和2年、元年、平成28年、27年、26年、22年、21年、19年などに、各国の政治体制は令和4年、2年、平成29年、23年などに出題があります。今後も出題可能性の高いテーマといえます。

予想ポイント①　選挙制度の基本知識　　　　　　　　　　　　　　　　R2-47

衆議院議員選挙と参議院議員選挙の基本知識

- ☐☐☐ **普通選挙**とは、納税額等で選挙権を制限せず、一定の年齢に達すれば選挙に参加できる制度のこと。
  - 補足　日本では、1925年に男子普通選挙制、1945年に男女普通選挙制が制定されている。

- ☐☐☐ 衆議院議員の任期は**4年**だが、**解散**による場合は任期満了前でも失職し、総選挙が実施される。
  - 補足　衆議院議員選挙は小選挙区比例代表並立制で実施されており、小選挙区で落選した候補者でも比例代表で復活当選することが可能である。現在は、小選挙区の候補者が有効投票総数の10分の1（供託金没収点）未満で落選した場合は比例代表で復活当選**できない**とする措置が採られている。

- ☐☐☐ 参議院議員の任期は**6年**だが、選挙は3年ごとに半数改選で実施される。なお、参議院に解散の制度はない。
  - 補足　2000年の公職選挙法の改正により、参議院比例代表においては、名簿の順位通りに議席を割り当てる拘束名簿式から、名簿の順位に拘束されない非拘束名簿式に改められた。

- ☐☐☐ 1998年の公職選挙法改正により**在外選挙制度**が創設され、日本国内に住んでいる日本国民だけでなく、外国に住んでいる日本国民も投票することができるようになった。当時は、両院の比例代表に限られていたが、現在は、衆議院小選挙区・参議院選挙区の投票でも**認められている**。

53 一般知識1（政治）

> **予想ポイント②　各国の政治体制**　　　　　　　　　　R2-47、R4-53
>
> 英米を中心に各国の政治体制の特徴

☐☐☐　日本は、国政において議院内閣制が採用されており、地方行政では、行政府の長を民選とする首長制が採用されているが、議会が長を不信任でき、これに対して長が議会解散させる制度など、議院内閣制の要素も採り入れられている。

まとめの図表〈各国の政治体制〉

イギリス	議院内閣制を採る 議会は二院制を採用し、下院（庶民院）の議員の選挙は小選挙区制で実施される（上院（貴族院）の議員は貴族や聖職者等で構成され、国民の選挙で議員を選出しない） 内閣が議会に法案を提出できる 下院は内閣を不信任でき、内閣は下院を解散させることができる
アメリカ	大統領制を採る 大統領が国家元首であり、任期は4年で三選が禁止されているので2期8年までしか務められない 大統領は、議会出席権、議会の解散権、法案提出権はない 大統領は、議会が可決した法案についての拒否権を有する
フランス	大統領制と議院内閣制の混合形態である半大統領制を採る 大統領は、国民の直接選挙で選ばれ、首相の任命権や下院（国民議会）の解散権などを有している
中　国	中国共産党の一党制であり、全国人民代表大会（全人代）が国家の最高機関とされる 国家主席が中国の元首であり、任期は5年で、全人代で選出される（従来、三選が禁止されていたが、2018年の憲法改正によりこの制限は撤廃されている）

日本では、第一次世界大戦後に男子普通選挙となったが、男女普通選挙の実現は第二次世界大戦後である。　　　　　　　　　　（R2－47肢3）

　〇　第一次世界大戦の終結は1918年、日本の男子普通選挙は1925年。また、第二次世界大戦の終結は1945年8月、日本の男女普通選挙は1945年12月。

115

一般知識2（経済）

基礎知識

直前フォーカス

一般知識分野では、金融・財政分野と経済用語にも注意しましょう。令和6年では外国為替、令和5年では法人課税や日本の金融政策、令和4年では国内総生産（GDP）、令和3年ではふるさと納税、令和2年では国債についての出題がありました。また、最近出題されていない地方交付税（最後の出題が平成19年）といったテーマの再出題の可能性にも備えておきましょう。

予想ポイント①　日本銀行　　　　　　　　　　　　　　　　　　　　　R5-51

日本の中央銀行である日本銀行の役割や金融政策

□□□　日本銀行は、日本の中央銀行としての役割を果たす。日本銀行法によって認められた**認可法人**である。

□□□　日本銀行には、①**発券銀行**としての役割、②**政府の銀行**としての役割、③**銀行の銀行**としての役割を果たす。

□□□　公開市場操作は、中央銀行が金融市場において手形や債券の売買を行って、直接的に通貨量の調節を図ろうとする政策である。中央銀行が手持ちの債券を売ることによって、民間の資金を中央銀行に吸収する政策を**売り**オペレーションという。一方、中央銀行が債券を買うことによって、民間へ貨幣を流出させる政策を**買い**オペレーションという。

```
                好況 → 売りオペ → 金融市場の資金↓ → 景気抑制
景気安定 ←
                不況 → 買いオペ → 金融市場の資金↑ → 景気刺激
```

予想ポイント②　地方財政　　　　　　　　　　　　　　　　　　R3-50、R5-50

地方税、地方債、地方交付税

□□□　**住民税**は、地方公共団体がその区域内に住所や事務所等を有する個人・法人に対して課す税金のこと。

54 一般知識2（経済）

□□□　**固定資産税**は、土地や建物といった固定資産の所有者に対して課す税金のこと（市町村税）。

□□□　地方税法に定められている税目以外の税目を、条例により、使途を特定して定めることができる（**法定外目的税**）。例えば、東京都の「宿泊税」がこれにあたる。

□□□　**地方債**は、地方公共団体が資金調達のために負担する債務で、その返済は一会計年度を超えて行われる。従来、地方債の発行には総務大臣または都道府県知事の**許可**が必要とされていたが、現在は協議制を原則とする仕組みに改められている。

□□□　**地方交付税**は、国税収入の一定割合を、国が財源不足の地方公共団体へ**一般財源**として交付する制度である。

まとめの図表〈地方交付税〉

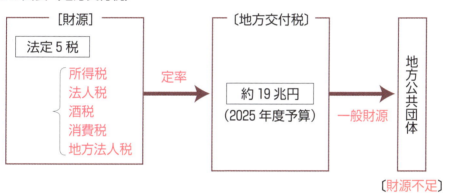

市町村内に住所を有する個人だけでなく、当該市町村内に事務所または事業所を有する法人も、住民税を納税する義務を負う。　　　（H30-52肢オ）

答　〇　住民税は、個人だけでなく、法人に対しても課される。

一般知識 3 (社会)

基礎知識

直前フォーカス
一般知識分野では、社会保障制度にも注意しましょう。直近では令和5年に出題があります。医療・年金・介護を中心に社会保障分野からの出題があればしっかり得点できるよう準備しておきましょう。

予想ポイント① 介護保険制度

介護保険の被保険者や自己負担割合などの仕組み

- □□□ 介護保険制度は、市区町村を保険者、**40歳以上**の者を被保険者とする介護に関する公的な保険制度のことをいう。2000年4月から開始されている。

- □□□ 介護サービスを利用した場合、原則として保険給付の対象費用の**1割**を自己負担し、残りの9割が保険で賄われる。

- □□□ 保険給付に関する処分または保険料その他介護保険法の規定による徴収金に関する処分に不服がある者は、都道府県に置かれる**介護保険審査会**に対して審査請求することができる。

予想ポイント② 年金保険制度

国民年金、厚生年金の仕組み

- □□□ 国民年金は、日本国内に住んでいる**20歳**以上60歳未満の者が加入し、自営業者等の第1号被保険者は国民年金の保険料を自分で納付する。
    第1号被保険者：自営業者が該当する
    第2号被保険者：会社員が該当する
    第3号被保険者：会社員の被扶養配偶者が該当する

- □□□ 国民年金（老齢基礎年金）は、保険料を納めた期間が**10年**以上ある者に対して65歳から支給される。

予想ポイント③ 医療保険制度

R5-53

健康保険、国民健康保険の仕組み

- □□□ 会社員は**健康保険**に加入し、自営業者は**国民健康保険**に加入する。

55 一般知識 3（社会）

会社員の保険料負担
　厚生年金：会社員負担あり、会社負担あり
　健康保険：会社員負担あり、会社負担あり
　介護保険：会社員負担あり、会社負担あり
　雇用保険：会社員負担あり、会社負担あり
　労災保険：会社員負担なし、会社負担あり

□□□　後期高齢者医療制度は2008年から導入されたもので、75歳以上の者は、後期高齢者医療制度に加入し、医療給付等を受けることになる。

予想ポイント④　生活保護　　　　　　　　　　　　　　　　　R5-53

生活保護の仕組み

□□□　保護は、要保護者、その扶養義務者、その他の同居の親族の申請に基づいて開始するものとする（申請保護の原則）。

□□□　保護は、世帯を単位としてその要否および程度を定める（世帯単位の原則）。

□□□　保護の種類は、①生活扶助、②教育扶助、③住宅扶助、④医療扶助、⑤介護扶助、⑥出産扶助、⑦生業扶助、⑧葬祭扶助であり、扶助は、要保護者の必要に応じ、単給または併給として行われる。

まとめの図表〈介護保険〉

保険者	市区町村
被保険者	40歳以上の者 65歳以上の者は第1号被保険者、40歳〜64歳の者は第2号被保険者となる
財源	保険料と公費
費用負担	原則1割を自己負担 ※ 保険適用の上限額を超えた場合は10割自己負担
住所地特例制度	被保険者が特別養護老人ホームなどの施設に入居して住民票を移している場合でも、住民票を移す前の市区町村が引き続き保険者となる仕組み

生活保護の給付は医療、介護、出産に限定され、生活扶助、住宅扶助は行われない。
（R5-53肢3）

　答　×　医療扶助、介護扶助、出産扶助のほか、生活扶助や住宅扶助も行われる。

行政書士法

基礎知識

直前フォーカス

令和6年の行政書士試験から新しく出題範囲となったのが「行政書士法等行政書士業務と密接に関連する諸法令」です。令和6年にも出題がありましたが、その中心となる行政書士法はしっかりと準備しておきましょう。

予想ポイント①　行政書士の業務　　　　　　　　　　　　　　　　R6-52

行政書士の業務に関する条文知識

☐☐☐　行政書士は、他人の依頼を受け報酬を得て、行政書士が作成した官公署に提出する書類に係る許認可等に関する審査請求、再調査の請求、再審査請求等行政庁に対する不服申立ての手続について代理し、およびその手続について官公署に提出する書類を作成することを業とすることができる（1条の3第1項2号）。

　補足　この業務は、当該業務について日本行政書士会連合会がその会則で定めるところにより実施する研修の課程を修了した行政書士（**特定行政書士**）に限り、行うことができる（1条の3第2項）。

予想ポイント②　行政書士の登録

行政書士の登録に関する条文知識

☐☐☐　行政書士となる資格を有する者が、行政書士となるには、行政書士名簿に、住所、氏名、生年月日、事務所の名称および所在地その他日本行政書士会連合会の会則で定める事項の登録を受けなければならない（6条1項）。

　補足　行政書士名簿は、**日本行政書士会連合会**に備える（6条2項）。
　　　　行政書士名簿の登録は、**日本行政書士会連合会**が行う（6条3項）。

☐☐☐　日本行政書士会連合会は、行政書士の登録を受けた者が、偽りその他不正の手段により当該登録を受けたことが判明したときは、当該登録を取り消さなければならない（6条の5第1項）。

☐☐☐　日本行政書士会連合会は、行政書士の登録を受けた者が次のいずれかに該当する場合には、その登録を抹消**しなければならない**（7条1項）。
・欠格事由に該当するに至ったとき
・その業を廃止しようとする旨の届出があったとき
・死亡したとき
・登録の取消しの処分を受けたとき

56 行政書士法

☐☐☐　日本行政書士会連合会は、行政書士の登録を受けた者が次のいずれかに該当する場合には、その登録を抹消**することができる**（7条2項）。
・引き続き2年以上行政書士の業務を行わないとき
・心身の故障により行政書士の業務を行うことができないとき

予想ポイント③　行政書士の懲戒

行政書士の懲戒に関する条文知識

☐☐☐　行政書士が、行政書士法、これに基づく命令、規則その他都道府県知事の処分に違反したときや、行政書士たるにふさわしくない重大な非行があったときは、都道府県知事は、当該行政書士に対し、次に掲げる処分をすることができる（14条）。
・戒告
・2年以内の業務の停止
・業務の禁止

まとめの図表〈行政書士の資格〉　　　　○：有する　×：有しない

行政書士の資格を有する者かどうか（2条）	・行政書士試験に合格した者：○ ・弁護士となる資格を有する者：○ ・司法書士となる資格を有する者：× ・弁理士となる資格を有する者：○ ・公認会計士となる資格を有する者：○ ・税理士となる資格を有する者：○ ・社会保険労務士となる資格を有する者：× ・国または地方公共団体の公務員として行政事務を担当した期間が通算して2年以上になる者：×（原則20年以上が必要）
欠格事由に該当するかどうか（2条の2）	・未成年者：**該当する** ・禁錮以上の刑に処せられ、その執行を終わり、または執行を受けることがなくなってから3年を経過しない者：**該当する** ・公務員で懲戒免職の処分を受け、当該処分の日から3年を経過しない者：**該当する** ・行政書士の登録の取消しの処分を受け、当該処分の日から3年を経過しない者：**該当する** ・行政書士の業務の禁止の処分を受け、当該処分の日から3年を経過しない者：**該当する**

地方公務員が懲戒免職処分を受けた場合、無期限に行政書士となる資格を有しない。
（R6－52肢5）

　　×　**行政書士となる資格を有しないのは3年を経過しない間だけで、無期限ではない。**

戸籍法・住民基本台帳法

基礎知識

直前フォーカス

令和6年から出題範囲となった「行政書士法等行政書士業務と密接に関連する諸法令」は、令和6年は行政書士法から1問と住民基本台帳法から1問の出題でした。今年は、引き続き同様の出題パターンにも注意しながら、戸籍法からの出題にも注意しましょう。

予想ポイント① 住民基本台帳法　　　　　　　　　　　　　　R6-53

住民基本台帳法の条文知識

□□□　市町村長は、個人を単位とする**住民票**を世帯ごとに編成して、住民基本台帳を作成しなければならない（6条1項）。

□□□　住民票の主な記載事項（7条）
・氏名
・出生の年月日
・男女の別
・世帯主についてはその旨、世帯主でない者については世帯主の氏名および世帯主との続柄
・戸籍の表示。ただし、本籍のない者および本籍の明らかでない者については、その旨
・住民となった年月日
・住所および一の市町村の区域内において新たに住所を変更した者については、その住所を定めた年月日

□□□　市町村長は、その市町村の区域内に本籍を有する者につき、その戸籍を単位として、**戸籍の附票**を作成しなければならない（16条1項）。

□□□　転入届、転居届、転出届の日数
転入届：転入をした日から**14日以内**（22条1項）
転居届：転居をした日から**14日以内**（23条）
転出届：あらかじめ（24条）

予想ポイント② 戸籍法

戸籍法の条文知識

□□□　戸籍に関する事務の管掌：**市町村長**（1条1項）

122

57 戸籍法・住民基本台帳法

補足　この事務は、地方自治法に規定する第1号法定受託事務（1条2項）

□□□　届出は、届出事件の本人の本籍地または届出人の所在地でこれをしなければならない（25条1項）。

まとめの図表〈出生届と死亡届〉

	出生届	死亡届
届出期間	14日以内（国外で出生があったときは、3か月以内）	届出義務者が、死亡の事実を知った日から7日以内（国外で死亡があったときは、その事実を知った日から3か月以内）
届出義務者	嫡出子出生の届出：父または母 ※子の出生前に父母が離婚をした場合：母 嫡出でない子の出生の届出：母	①同居の親族 ②その他の同居者 ③家主、地主または家屋もしくは土地の管理人 ※死亡の届出は、同居の親族以外の親族、後見人、保佐人、補助人、任意後見人、任意後見受任者も、これをすることができる。
届出場所	出生の届出は、出生地でこれをすることができる。	死亡の届出は、死亡地でこれをすることができる。

住民基本台帳法に明示されている住民票の記載事項に関する次の項目のうち、妥当なものはどれか。　　　　　　　　　　　　　　　　　　　　（R6-53）
1　前年度の住民税納税額
2　緊急時に連絡可能な者の連絡先
3　地震保険の被保険者である者については、その資格に関する事項
4　海外渡航歴
5　世帯主についてはその旨、世帯主でない者については世帯主の氏名及び世帯主との続柄

　5　世帯主についてはその旨、世帯主でない者については世帯主の氏名及び世帯主との続柄は、住民票の記載事項である。

情報通信

基礎知識

直前フォーカス

情報通信分野の問題は、用語系の出題と法律系の出題に区分されます。用語系の出題では、1問で5つの語句を問うタイプがオーソドックスな出題スタイルです。令和6年にも出題されていましたが、今年度も注意しましょう。

予想ポイント①　情報通信用語　　R2-55、R4-56、R5-54・55、R6-54

5つの用語を題材とした語句説明型の出題

☐☐☐　**エッジコンピューティング**は、クラウドコンピューティングをネットワークのエッジ（通信ネットワークの末端にあたる外部ネットワークとの境界にあたる領域のこと）にまで拡張し、エンドユーザーの近くに分散配置すること。

☐☐☐　**スマートグリッド**は、発電設備から末端の機器までを通信網で接続し、電力流と情報流を統合的に管理することによって電力の需給バランスを最適化する仕組みのこと。

☐☐☐　**テレマティクス**は、自動車などの移動体に通信システムを組み合わせることで情報サービスを提供するもののこと。これを利用して、走行距離や運転特性などの運転者ごとの運転情報を取得・分析して保険料を算定する自動車保険は、テレマティクス保険と呼ばれる。

☐☐☐　**トラヒック**は、ネットワークを流れるデータの流れのこと。トラヒックが増加すると、Webページが表示されるのに時間が長くかかったりする。

☐☐☐　**ビームフォーミング**は、電波を細く絞って一定の方向に向けて集中的に発射する技術のこと。これにより、基地局と端末の間の電波干渉を減らすことができ、より遠くまで電波を届けられるようになる。

☐☐☐　**メタバース**は、コンピュータやコンピュータネットワークの中に構築された仮想空間やそこで提供されるサービスのこと。

☐☐☐　**API**（Application Programming Interface）は、アプリケーションの開発者が、他のハードウェアやソフトウェアの提供している機能を利用するためのプログラム上の手続きを定めた規約のこと。

☐☐☐　**Bluetooth**は、データの送受信を行うための無線通信の規格の一つ。ウェアラブルデバイス等の機器に使用されている。

58 情報通信

- □□□ Cookie（クッキー）は、Webページにアクセスした利用者を、Webサイトの提供者がチェックするための機能のこと。ユーザーに関する情報や最後にサイトを訪れた履歴などを記録しておくことができる。

- □□□ DDos攻撃（Distributed Denial of Service attack）は、Webサーバに対して、複数のコンピュータから大量のサービス要求のパケットを送りつけて過大な負荷をかけ、相手のサーバなどを使用不能にしようとする攻撃方法のこと。

- □□□ DX（デジタルトランスフォーメーション）は、デジタル変革を意味する用語であり、ITの浸透が人々の生活をより良い方向に変化させることをいう。

- □□□ MVNO（Mobile Virtual Network Operator）は、仮想移動体通信事業者のこと。移動体通信事業者の提供する移動通信サービスを利用して、移動通信サービスを提供しており、移動通信サービスに係る無線局は自ら開設していない。

- □□□ SaaS（Software as a Service）は、提供者（サーバ）側で稼働しているソフトウェアを、利用者（クライアント）がインターネット等のネットワーク経由でサービスとして利用すること。

- □□□ BaaS（Banking as a Service）は、銀行が提供しているサービスや機能を、クラウドサービスとして提供すること。

まとめの図表〈マイナンバーカード（個人番号カード）〉

カードの交付	行政手続における特定の個人を識別するための番号の利用等に関する法律（番号利用法）に基づいて、市区町村が交付している
マイナンバーカード	2016年1月以降、本人の申請により、マイナンバーカードの交付を受けることができるようになった ・券面には、氏名、住所、生年月日、性別、顔写真、マイナンバーなどが記載されている ・マイナンバーカードの有効期間は、発行から10回目の誕生日（18歳未満の場合は5回目の誕生日）まで
マイナ保険証	健康保険証はマイナンバーカードを基本とする仕組み（マイナ保険証）へ移行し、2024年12月2日からこれまでの健康保険証は新規発行されなくなる
保有状況	2024年12月末時点における保有枚数は96,314,449枚であり、人口に対する保有枚数率は77.1%

情報技術を用いて業務の電子化を進めるために政治体制を専制主義化することを「デジタルトランスフォーメーション」という。 （R4-56肢ウ）

答　× デジタルトランスフォーメーションは、デジタル変革を意味する用語であり、ITの浸透が人々の生活をより良い方向に変化させること。

個人情報保護法

基礎知識

直前フォーカス

個人情報保護に関する出題は、基礎知識科目対策として、行政書士法・文章理解と並んで最重要の項目といえます。改正（令和4年4月施行、令和5年4月施行）により新しく「仮名加工情報」や「条例要配慮個人情報」という概念も明記されています。法改正にも注意しましょう。

予想ポイント①　定義

個人情報保護法の定義条文

- □□□　個人情報とは、**生存する個人**に関する情報であって、次のいずれかに該当するものをいう（2条1項）。
  ① 当該情報に含まれる氏名、生年月日その他の記述等に記載もしくは記録され、または音声、動作その他の方法を用いて表された一切の事項により**特定の個人を識別**することができるもの（他の情報と容易に照合することができ、それにより特定の個人を識別することができることとなるものを含む）
  ② **個人識別符号**が含まれるもの
  比較して覚えよう！
  　外国人：**該当する**　　死者：**該当しない**

- □□□　**要配慮個人情報**とは、本人の人種、信条、社会的身分、病歴、犯罪の経歴、犯罪により害を被った事実その他本人に対する不当な差別、偏見その他の不利益が生じないようにその取扱いに特に配慮を要するものとして政令で定める記述等が含まれる個人情報をいう（2条3項）。

- □□□　**条例要配慮個人情報**とは、地方公共団体の機関または地方独立行政法人が保有する個人情報（要配慮個人情報を除く）のうち、地域の特性その他の事情に応じて、本人に対する不当な差別、偏見その他の不利益が生じないようにその取扱いに特に配慮を要するものとして地方公共団体が条例で定める記述等が含まれる個人情報をいう（60条5項）。

- □□□　**仮名加工情報**とは、一定の措置を講じて他の情報と照合しない限り特定の個人を識別することができないように個人情報を加工して得られる個人に関する情報をいう（2条5項）。

- □□□　**匿名加工情報**とは、一定の措置を講じて特定の個人を識別することができないように個人情報を加工して得られる個人に関する情報であって、当該個人情報を復元することができないようにしたものをいう（2条6項）。

□□□ **個人情報取扱事業者**とは、個人情報データベース等を**事業の用**に供している者をいう（16条2項）。
　営利事業：**該当する**　非営利事業：**該当する**
　補足　①国の機関、②地方公共団体、③独立行政法人等、④地方独立行政法人は除かれる。

□□□ 行政機関等には、独立行政法人や地方公共団体の機関（議会を除く）も**含まれる**（2条11項）。

まとめの図表〈個人情報取扱事業者の第三者提供とオプトアウト〉

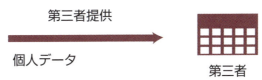
第三者提供
個人データ

個人情報取扱事業者　　　　　　　第三者

原　則	**あらかじめ本人の同意**を得ないで、個人データを第三者に提供してはならない（27条1項）
オプトアウトによる場合	第三者に提供される個人データについて、本人の求めに応じて当該本人が識別される個人データの第三者への提供を停止することとしている場合であって、第三者への提供を利用目的とすること、第三者に提供される個人データの項目など所定の事項について、個人情報保護委員会規則で定めるところにより、あらかじめ、本人に通知し、または本人が容易に知り得る状態に置くとともに、個人情報保護委員会に届け出たときは、あらかじめ本人の同意はなくても、当該個人データを第三者に提供することができる（27条2項）。 オプトアウトによる第三者提供の可否 ・要配慮個人情報の場合：**できない** ・20条1項の規定（適正な取得）に違反して取得されたものの場合：**できない** ・他の個人情報取扱事業者から27条2項の規定（オプトアウト）により提供されたものの場合：**できない**

個人情報保護法の改正において、要配慮個人情報という概念が新たに設けられ、要配慮個人情報を個人情報取扱事業者が取り扱う場合、他の個人情報とは異なる取扱いを受けることになった。　　　　　　　　（H30－56肢3）

　答　○　改正個人情報保護法（平成29年5月施行）により要配慮個人情報という概念が設けられ、要配慮個人情報は他の個人情報よりも慎重な取扱いが要求されている。

基礎知識
文章理解

直前フォーカス

例年、60問中最後の3問に文章理解の問題が配置されています。この3問は基礎知識科目の中でも一番得点源としやすい箇所です。1問2分程度の短時間で解答しようとするとミスしてしまいがちですので、1問1問にしっかり時間をかけて確実に正解にたどりつきましょう。

過去5年間の出題傾向

出題年度	形　式
令和2年	脱文挿入、並べ替え、空欄補充
令和3年	脱文挿入、空欄補充、脱文挿入
令和4年	並べ替え、脱文挿入、空欄補充
令和5年	脱文挿入、空欄補充、脱文挿入
令和6年	空欄補充、並べ替え、脱文挿入

□□□　文章理解問題は、「本文を全部読まなくても正解が見つかることが多い」という特徴がある。言い換えれば、「いきなり本文を冒頭から読み出すようなことはしなくても問題は解ける」ということである。では、どこをどのように読めばいいのだろうか。本文を何となく冒頭から全部読んで、選択肢を何となく眺めていくというのでは効率が悪いので、以下の3点を基本視点としながら、問題文と選択肢にアプローチしていくとよい。

アプローチ
① 本文中に空欄や下線部がある場合（空欄補充問題や下線部解釈問題）は、その前後付近にヒントになる文章が置かれていることが多い
② 指示語の指示内容は、指示語のすぐ前の部分にあることが多い
③ 本文の主要内容は冒頭部分または後半部分にあることが多い

60 文章理解

予想ポイント① 並べ替え問題　　R2-59、R4-58、R6-59

並べ替え問題の出題形式の確認と、解法のヒント

並べ替え問題

□□□　並べ替え問題では、先頭に来るものを確定してからでないと正解が見つからないわけではないので、指示語や接続詞をヒントに**確実なつながりを見つける**ことから始めるとよい。そして、選択肢との関係から成り立つ組み合わせを探り、最終的に出来上がった文章を読み返して、全体の流れに不具合がないかを確認するとよい。

> 問題文の選択肢
> 1　エ・ウ・ア・イ・オ
> 2　オ・ウ・ア・イ・エ
> 3　ウ・ア・イ・エ・オ
> 4　エ・ウ・イ・ア・オ
> 5　オ・ウ・イ・ア・エ

> 問題文の指示語や接続詞をヒントに「ウ・イ・ア」のつながりが判断できたと仮定しよう。
> この場合、先頭に来る肢が何かはわからなくても肢1〜5の一部を見て、肢1・2・3が「ウ・ア・イ」であり、肢4・5が「ウ・イ・ア」となっていることから、肢4か5のどちらかが正解となることがわかる。あとは、肢4が「エ・ウ・イ・ア・オ」、肢5が「オ・ウ・イ・ア・エ」となっていることから、両方のパターンで読み返してみて、どちらが自然な流れであるかを検討すればよい。

MEMO

MEMO

執筆者紹介

神田理生 （TAC行政書士講座専任講師）

　1975年大阪府生まれ。慶應義塾大学法学部卒業。
　ＴＡＣ行政書士講座での講師歴は24年目となる。まったくの初学者から合格レベルに達するまでの道筋を示し、初学者がつまずきやすい箇所もケアしつつ、多くの初学者を合格へと導いてきた。現在は、初学者向けのコースを中心に担当。
　ＴＡＣ出版からの著書には、「みんなが欲しかった！行政書士の教科書」「みんなが欲しかった！行政書士の問題集」「みんなが欲しかった！行政書士の最重要論点150」「行政書士　しっかりわかる講義生中継　憲法」「行政書士　しっかりわかる講義生中継　商法・会社法」がある。

2025年度版　行政書士　出るとこ予想
究極のファイナルチェック

（2014年度版　2014年5月24日　初版　第1刷発行）
2025年5月10日　初　版　第1刷発行

編著者　　ＴＡＣ株式会社
　　　　　　　　（行政書士講座）
発行者　　多　田　敏　男
発行所　　ＴＡＣ株式会社　出版事業部
　　　　　　　　（ＴＡＣ出版）

〒101-8383
東京都千代田区神田三崎町3-2-18
電話　03（5276）9492（営業）
FAX　03（5276）9674
https://shuppan.tac-school.co.jp

印　　刷　　株式会社　ワ　　コ　　ー
製　　本　　株式会社　常　川　製　本

© TAC 2025　　　Printed in Japan　　　ISBN 978-4-300-11480-3
N.D.C. 327

本書は，「著作権法」によって，著作権等の権利が保護されている著作物です。本書の全部また
は一部につき，無断で転載，複写されると，著作権等の権利侵害となります。上記のような使
い方をされる場合，および本書を使用して講義・セミナー等を実施する場合には，小社宛許諾
を求めてください。

乱丁・落丁による交換，および正誤のお問合せ対応は，該当書籍の改訂版刊行月末日までとい
たします。なお，交換につきましては，書籍の在庫状況により，お受けできない場合もござ
います。
また，各種本試験の実施の延期，中止を理由とした本書の返品はお受けいたしません。返金も
いたしかねますので，あらかじめご了承くださいますようお願い申し上げます。

行政書士講座のご案内

出題可能性の高い予想問題が満載

全国公開模試 2025年合格目標

TACでは本試験さながらの雰囲気を味わえ、出題可能性の高い予想問題をそろえた公開模擬試験を実施いたします。コンピュータ診断による分野別の得点や平均点に加え、総合の偏差値や個人別成績アドバイスなどを盛り込んだ成績表（成績表はWebにて閲覧）で、全国の受験生の中における自分の位置付けを知ることができます。

TAC全国公開模試の3大特長

1 厳選された予想問題と充実の解答解説

TACでは出題可能性の高い予想問題をこの全国公開模試にご用意いたします。全国公開模試受験後は内容が充実した解答解説を活用して、弱点補強にも役立ちます。

2 全国レベルでの自己診断

TACの全国公開模試は全国各地のTAC各校舎と自宅受験で実施しますので、全国レベルでの自己診断が可能です。

※実施会場等の詳細は、2025年7月頃にTACホームページにてご案内予定です。お申込み前に必ずご確認ください。

3 本試験を擬似体験

本試験同様の緊迫した雰囲気の中で、真の実力が発揮できるかどうかを擬似体験しておくことは、本試験で120%の実力を発揮するためにも非常に重要なことです。

高い的中率を誇る問題が勢揃い！

2025年9月・10月実施予定！

ご注意　2025年合格目標TAC行政書士講座の「全国公開模試」がカリキュラムに含まれているコースをお申込みの方は、「全国公開模試」を別途お申込みいただく必要はございません。

※上記のご案内は2024年10月時点の予定です。本試験日程やその他諸事情により変更となる場合がございます。予めご了承ください。

資格の学校 **TAC**

いつでもどこでも学習スタート! TACのオススメ講座

　TAC行政書士講座では、短期合格を目指すための教材・カリキュラムをご用意しているのはもちろん、Webフォローなどのフォロー体制も万全です。教室講座・ビデオブース講座・Web通信講座をご用意しておりますので、お仕事が忙しい方にもおすすめです。

2025年合格目標

プレミアム本科生
2024年10月より随時開講

「実力完成講義」・「記述対策講義」もついて初学者にも安心!

法律を初めて学習する方はもちろん、基本からしっかりと学びたいという方も対象にしたコースです。基礎期でじっくりと時間をかけて定着させた知識がしっかりと身についているかを、科目別答練などのアウトプットでその都度チェックしていきながら進みます。さらに【実力完成講義】では、「問題の解き方(=解法テクニック)」というプラスアルファの要素を取り入れた解説講義を展開することにより、本試験への対応力を高めていきます。しかも【記述対策講義】まで設定。記述式問題の解法テクニックも学べます。

答練本科生S
2025年2月より開講予定

2Stepの講義(上級講義)と3Stepの答練(スーパー答練)で着実・確実に実力UP!

受験経験者を対象としたコースです。3段階に分かれた問題演習を通じて、基礎力の確認と、実戦力を養います。インプットに不安がある方や知識レベルを落としたくない方も、ポイントを押さえた「上級講義」がついているので安心です。上級講義でインプット&スーパー答練でアウトプットが行える、受験経験者必見の"革命的"答練コースです!

直前オプション
2025年9月より開講予定

ポイント整理&弱点補強の決定版!

毎年多くの受験生に受講していただいている「直前オプション」。直前期に必要な重要ポイントの整理、弱点補強など多彩な講座をご用意します。出題予想も兼ねて講義をしますので、最後の総仕上げに最適です。

最新情報はTACホームページをご覧ください ⬇

TACホームページ	TAC 行政書士 [検索]	通話無料 **0120-509-117**
https://www.tac-school.co.jp/		ゴウカク イイナ 月～金 10:00～19:00 ／土日祝 10:00～17:00 ※営業時間短縮の場合がございます。詳細はHPでご確認ください。

TAC出版 書籍のご案内

TAC出版では、資格の学校TAC各講座の定評ある執筆陣による資格試験の参考書をはじめ、資格取得者の開業法や仕事術、実務書、ビジネス書、一般書などを発行しています！

TAC出版の書籍

*一部書籍は、早稲田経営出版のブランドにて刊行しております。

資格・検定試験の受験対策書籍

- 日商簿記検定
- 建設業経理士
- 全経簿記上級
- 税理士
- 公認会計士
- 社会保険労務士
- 中小企業診断士
- 証券アナリスト

- ファイナンシャルプランナー(FP)
- 証券外務員
- 貸金業務取扱主任者
- 不動産鑑定士
- 宅地建物取引士
- 賃貸不動産経営管理士
- マンション管理士
- 管理業務主任者

- 司法書士
- 行政書士
- 司法試験
- 弁理士
- 公務員試験(大卒程度・高卒者)
- 情報処理試験
- 介護福祉士
- ケアマネジャー
- 電験三種　ほか

実務書・ビジネス書

- 会計実務、税法、税務、経理
- 総務、労務、人事
- ビジネススキル、マナー、就職、自己啓発
- 資格取得者の開業法、仕事術、営業術

一般書・エンタメ書

- ファッション
- エッセイ、レシピ
- スポーツ
- 旅行ガイド (おとな旅プレミアム/旅コン)

(2024年2月現在)

書籍のご購入は

1 全国の書店、大学生協、ネット書店で

2 TAC各校の書籍コーナーで

資格の学校TACの校舎は全国に展開！
校舎のご確認はホームページにて

資格の学校TAC ホームページ
https://www.tac-school.co.jp

3 TAC出版書籍販売サイトで

24時間ご注文受付中

https://bookstore.tac-school.co.jp/

- 新刊情報をいち早くチェック！
- たっぷり読める立ち読み機能
- 学習お役立ちの特設ページも充実！

TAC出版書籍販売サイト「サイバーブックストア」では、TAC出版および早稲田経営出版から刊行されている、すべての最新書籍をお取り扱いしています。

また、会員登録（無料）をしていただくことで、会員様限定キャンペーンのほか、送料無料サービス、メールマガジン配信サービス、マイページのご利用など、うれしい特典がたくさん受けられます。

サイバーブックストア会員は、特典がいっぱい！（一部抜粋）

通常、1万円（税込）未満のご注文につきましては、送料・手数料として500円（全国一律・税込）頂戴しておりますが、1冊から無料となります。

専用の「マイページ」は、「購入履歴・配送状況の確認」のほか、「ほしいものリスト」や「マイフォルダ」など、便利な機能が満載です。

メールマガジンでは、キャンペーンやおすすめ書籍、新刊情報のほか、「電子ブック版TACNEWS（ダイジェスト版）」をお届けします。

書籍の発売を、販売開始当日にメールにてお知らせします。これなら買い忘れの心配もありません。

2025年度版 行政書士試験対策書籍のご案内

TAC出版では、独学用、およびスクール学習の副教材として、各種対策書籍を取り揃えています。学習の各段階に対応していますので、あなたのステップに応じて、合格に向けてご活用ください!

※装丁、書籍名、刊行内容は変更することがあります

入門書

『みんなが欲しかった!
行政書士
合格へのはじめの一歩』
A5判
● フルカラーでよくわかる、本気でやさしい入門書!資格や試験の概要、学習プランなどの「オリエンテーション編」と科目別の「入門講義編」を収録。

基本書

『みんなが欲しかった!
行政書士の教科書』
A5判
● こだわりの板書でイメージをつかみやすい、独学者のことを徹底的に考えた最強にわかりやすいフルカラーの教科書。分冊で持ち運びにも便利。

問題集

『みんなが欲しかった!
行政書士の問題集』
A5判
● 過去問題8割、オリジナル問題2割で構成された、得点力をアップする良問を厳選した問題集。

総まとめ

『みんなが欲しかった!
行政書士の最重要論点150』
B6判
● 見開き2ページが1論点で構成された、試験によく出る論点を図表で整理した総まとめ。

判例集

『みんなが欲しかった!
行政書士の判例集』
B6判
● 試験によく出る重要判例を厳選して収録。最重要判例には事案を整理した関係図付き。

過去問

『みんなが欲しかった!
行政書士の5年過去問題集』
A5判
● 過去5年分の本試験問題を、TAC講師陣の詳細な解説とともに収録。各問題に出題意図を明示。

一問一答式

『みんなが欲しかった!
行政書士の肢別問題集』
B6判
● 選択肢を重要度ランクとともに体系的に並べ替え、1問1答式で過去問を攻略できる問題集。

記述対策

『みんなが欲しかった!
行政書士の40字記述式問題集』
A5判
● 解法テクニックと過去+予想問題を1冊に集約した、40字記述式対策の1冊。多肢選択式問題も収録。

TAC出版

直前対策
※画像は2024年度版のものです。

『本試験をあてる
　TAC直前予想模試 行政書士』
B5判
● 出題傾向の徹底分析に基づく予想問題3回分
　＋最新本試験で本番力アップ！

『究極のファイナルチェック』
B5判
● 出題可能性の高い60テーマについて、直前期の1週間で学習できるように構成！

『無敵の行政書士 直前対策』
B5判
● 試験範囲を完全網羅した、直前総まとめの決定版！

スッキリ行政書士シリーズ

『スッキリわかる行政書士』
A5判
● 試験に出るとこだけを極限まで絞り込んだ、図表とイラストで楽しく読めるテキスト。

『スッキリとける行政書士
　頻出過去問演習』
A5判
● 頻出論点・重要論点のみをモレなくカバーして、徹底的にていねいな解説の問題集。

『スッキリ覚える行政書士
　必修ポイント直前整理』
A5判
● 試験に出るポイントが一目瞭然で、暗記用赤シートにも対応した最短最速の要点整理。

その他
以下は年度版ではありません

『しっかりわかる 講義生中継シリーズ』
A5判
● TAC人気講師の講義を再現した、科目別のテキスト。
　各法律科目をより深く学習したい方向け。
全4巻
1. 憲　法
2. 民　法
3. 行政法
4. 商法・会社法

TAC出版の書籍はこちらの方法でご購入いただけます

1 全国の書店・大学生協　2 TAC各校 書籍コーナー
3 インターネット

CYBER BOOK STORE　TAC出版書籍販売サイト
アドレス https://bookstore.tac-school.co.jp/

・2024年10月現在　・とくに記述がある商品以外は、TAC行政書士講座編です

書籍の正誤に関するご確認とお問合せについて

書籍の記載内容に誤りではないかと思われる箇所がございましたら、以下の手順にてご確認とお問合せをしてくださいますよう、お願い申し上げます。

なお、正誤のお問合せ以外の**書籍内容に関する解説および受験指導などは、一切行っておりません。**
そのようなお問合せにつきましては、お答えいたしかねますので、あらかじめご了承ください。

1 「Cyber Book Store」にて正誤表を確認する

TAC出版書籍販売サイト「Cyber Book Store」の
トップページ内「正誤表」コーナーにて、正誤表をご確認ください。

CYBER TAC出版書籍販売サイト
BOOK STORE

URL：https://bookstore.tac-school.co.jp/

2 1の正誤表がない、あるいは正誤表に該当箇所の記載がない
⇒ 下記①、②のどちらかの方法で文書にて問合せをする

★ご注意ください★

お電話でのお問合せは、お受けいたしません。
①、②のどちらの方法でも、お問合せの際には、「お名前」とともに、
「対象の書籍名（○級・第○回対策も含む）およびその版数（第○版・○○年度版など）」
「お問合せ該当箇所の頁数と行数」
「誤りと思われる記載」
「正しいとお考えになる記載とその根拠」
を明記してください。
なお、回答までに1週間前後を要する場合もございます。あらかじめご了承ください。

① ウェブページ「Cyber Book Store」内の「お問合せフォーム」より問合せをする

【お問合せフォームアドレス】

https://bookstore.tac-school.co.jp/inquiry/

② メールにより問合せをする

【メール宛先　TAC出版】

syuppan-h@tac-school.co.jp

※土日祝日はお問合せ対応をおこなっておりません。
※正誤のお問合せ対応は、該当書籍の改訂版刊行月末日までといたします。

乱丁・落丁による交換は、該当書籍の改訂版刊行月末日までといたします。なお、書籍の在庫状況等により、お受けできない場合もございます。
また、各種本試験の実施の延期、中止を理由とした本書の返品はお受けいたしません。返金もいたしかねますので、あらかじめご了承くださいますようお願い申し上げます。

TACにおける個人情報の取り扱いについて
■お預かりした個人情報は、TAC（株）で管理させていただき、お問合せへの対応、当社の記録保管にのみ利用いたします。お客様の同意なしに業務委託先以外の第三者に開示、提供することはございません（法令等により開示を求められた場合を除く）。その他、個人情報保護管理者、お預かりした個人情報の開示等及びTAC（株）への個人情報の提供の任意性については、当社ホームページ（https://www.tac-school.co.jp）をご覧いただくか、個人情報に関するお問い合わせ窓口（E-mail:privacy@tac-school.co.jp）までお問合せください。

（2022年7月現在）